Thank you for your support.

Nyabuoy Gatt

CONTRIBUTORS

Kelsey Verboom - *Editor*

Bisi Alaka - *Editor*

Aduke Couture - *Fashion Designer*

Adora Nwofor - *Makeup and Hairstylist*

Elle Yifan Xu - *Photography*

Andy Austin - *Book Design & Cover Art*

aaustinmedia.com

Nyabuoy Gatbel - *Author / Poet*

If you have any questions or if you wish to connect with me my contact information is below.

Email: *nyabuoygatbel@hotmail.com*

CONTENTS

For Grandmother, my source of strength.

INTRODUCTION

My story begins in a place much of the world ignores til this day. For a shoe-less little girl subsisting on rations of United Nations food, that place had no name. It was a hot, dirty, dangerous place; one where countless children would be born and countless others would die over the decades of its existence. It was a place rather like District 12 in the *Hunger Games*, and it has been a refuge for South Sudanese people fleeing wars, genocide, and famine for decades.

Pinyudo refugee camp is located on the border of South Sudan and western Ethiopia. For many residents, life in Pinyudo is worse than living in a concentration camp. At least in a concentration camp, you know death is your final destiny and it comes sooner rather than later. However, in a refugee camp, you can wait for decades, slowly losing hope that one day you will leave and then you die in this desolate place. For me, Pinyudo and other African refugee camps are simply Africa's silent killing machine. Desperate refugees are sequestered into these confined locations. Only the United Nations relief agencies have control of the land and people.

Genetically modified corn and genetically

modified oil are the main food items of the refugee diet. Who can truly live on corn and oil alone? The relief agencies give refugees enough to survive but nothing of real nutritional value; the refugees are kept just alive and not to thrive. These aid agencies seem to exist mainly to provide employment opportunities for aid workers.

Once again, we Africans are branded as "the African problem" or "the international problem"; in other words, "the white man's burden" as Rudyard Kipling's stated in the 19th century but writ large in the language of 21st century humanitarian relief rhetoric.

ACKNOWLEDGEMENT

The manifestation of this book came to be as a result of many souls collaborating together. I am grateful and honored to have received support from the South Sudanese, Canadian, and international community.

The vision of having a bilingual poetry book came to life when my friend and fellow community member, Bol Gatkuoth Gey, agreed in translating the poems into Thok Nath. Bol brought the poems to life in my indigenous language; he merged the two worlds that I have known into one. I am grateful for the commitment, intellect and endurance you have put into this book. It was an honor to work with a young person for the benefit of society. May this collaboration be an example of teamwork and support in our communities.

Ahmed Alkubaisy, I am full of gratitude to have your touch on this book. Your skills, intellect, and perfectionism in the English language helped shaped these poems. Brian Seaman your input, guidance and suggestions shaped parts of this book. Thank you for believing in me. Dr. Arthur Clark, I am truly grateful to you for hosting me in your house on May 15, 2015. I express my greatest gratitude to the individuals who came to listen to a young woman's dream. I am truly grateful for the encouragement. My mother Nyakat Puoch, my father Gatbel Puoch, siblings Tesloach Gatbel, Nyachieng Gatbel, Buomkuoth Gatbel and Duol Gatbel Puoch thank you for believing in me.

DEDICATION

My grandmother Nyareath Luak was known for her bravery and courageous acts. In a time where women were timid, she stood her own ground. My grandmother was a leader, provider, protector and conqueror. Growing up I admired her and wished to be like her. She believed in following one's heart and doing what is right for oneself. This amazing woman helped shape my independent personality. She challenged what was normal and gave her children and grandchildren the freedom to be themselves. Whether you were religious, spiritual or believed in nothing, my grandmother did not judge. She was not easily influenced or interested in fads. She was herself. She possessed self awareness and because of her I am who I am today. Her life inspires me to continue the great legacy, which is hers. I am proud and honored to be her granddaughter.

The Fire Within

Kissed by the Sun

My flesh, the layers of the earth.
My flesh intertwined with natural universe.
Your flesh bleeds and breathes the same way as
mine;
Your flesh feels pains and pleasures the same way as
mine.

This shade resembles the shadows of the angels;
This shade resembles the moonlight's coolness at
night.
This shade demands honourable attention from the
Gods;
This shade you would love to celebrate and rejoice
in.

This color is divinely created and suited to me.
This color was mixed and engineered to cover my
flesh from the UV-rays,
This color has battled imperial dynasties and
colonial oppression;
This color forevermore will always be victorious
against thy enemies.

This body feels the rhythms of the universe, the
message of the ancestors.
This body is blessed with great perseverance and
strength to withstand anything.
This body does not need your approval, appraisal,
attention or acceptance;
This body is a vessel for the divine spirit inhabiting

the earth for the temporary.

Let the commercials play for they do not anger my
humble soul;
Let the creams be presented for they do not anger
my pigment;
Let the debates begin for they do not stir the fire
within my soul;
Let the rejection and persecutions come for they do
not determine my worth.

Melanin

I am pigmented.
I tell my melanocytes to work over-time
Because the darker the berry the sweeter the juice;
There's nothing sweeter than the Nilotic kiss.

Smile so bright the sun gets jealous;
Legs longer than the Nile River with
Skin so dark it makes the darkness quiver.
Personality so meek the mice run away.

Gorgeous Afro it is my daily crown,
So grown there's no frown;
The spirit within me rattles like a snake,
It must be heard and listened to.

Curves like the east African rift valley;
I am the woman of nature,
I am from the land of the burned faces,

I am from the land of the fierce.

I am not dark and lovely
I am just simply a woman of nature.
You can't fix or criticize what God has made;
God spent hours making such a woman like me.

Eurocentric State of Mind

Eurocentric state of mind,
I got my first weave at sixteen;
Eurocentric state of mind,
I started to question my melanin.

Eurocentric state of mind,
Melinated men are a turn-off;
Eurocentric state of mind,
I want to become his woman.

Eurocentric state of mind,
I lose my language in favour of his;
Eurocentric state of mind,
I pretend I am a part of him.

Eurocentric state of mind,
I idolized Europe and shun Africa;
Eurocentric state of mind,
Who am I?

Eurocentric state of mind,
I hate my own but love his;

Eurocentric state of mind,
I am internally dying.

Eurocentric state of mind,
My body suffers from years of torment;
Eurocentric state of mind,
It's worth it for conformity.

Roots

I chemically murdered you,
I heated you to death,
I bleached the life out of you,
I tormented you through different styles.

I spoke negatively to you,
I criticized and humiliated you,
I partook in situations that embarrassed you,
I shamed you publicly and privately.

I let my mother hate you;
I let my brothers control you;
I let my friends reject you;
I let my boyfriend hide you.

I've allowed the world to hate you;
I've allowed the world to spit on you;
I've allowed the world to control you;
I've allowed the world to mistreat you;

I've allowed your genocide,

I've allowed and participated in your annihilation,
I've been your biggest enemy,
I've been your worst nightmare.

Through it all you rise,
Through it all your roots get stronger,
Through it all you resist by pushing through,
Through it all you are my DNA.

The Media

Daily crucifixion of melanin,
Monthly reminders of Eurocentrism,
Daily objectification and annihilation,
Monthly reminders of the perfect woman:

Bleaching creams to become his woman –
Creamy crack to straighten the African roots;
Diet pills to starve the curves of humanity,
Daily mockery of my ancestry:

Daily images of poor African children –
Daily reminders of the slave woman;
Daily reminders of Sarah Baartman,
Daily reminders of my place in the world:

Reminders of systemic racism,
Eurocentrism, shoved down our throats,
Western ideologies served on our plates;
Inferiority taught in schools:

Demonization of my culture,
Demonization of my language,
Demonization of my civilization,
Demonization of my existence.

Gateway of Humanity

My womb is the gateway of humanity,
My womb only brings forth Kings and Queens:
My womb only produces children of justice and
truth,
My womb is the first home of humanity.

My womb is the greatest force in this world,
My womb without consent will not bring forth life,
My womb, my deadly weapon;
My womb, a holy place.

I choose whose child I will carry,
I choose whose bloodline I will continue,
I choose whose legacy will continue through me,
I choose who will be the right man.

My womb is responsible for life on earth,
Why must I be foolish with myself?
My womb is more important than gold,
My womb is the gateway of humanity.

Veins

Through my veins
Blood of many tribes,
The spirit of many languages,
Flows ancestral wisdom,
Lives ancestral traditions;

Through my veins
Flows the continent,
Flows Abyssinia,
Flows Junub,
The legacy of Meroe;

Through my veins,
Strong women lived,
Flows the creative force,
Flows the vast galaxies,
Flows life.

Tree of Life

I am the woman you fear to be.
Kinky hair and dark skin, you fear to see
Full lips and hips make your soul scream.
I am the image and the spirit you wish to kill
Softly, through the media, which is your mission.

I am your mother and your father, child.
Through my womb came humanity, my child.
Through me this earth was populated;

Through me it was possible for life to exist.

My skin resembles the soil I came from,
My nappy hair is the root of life.
I am the tree of life and you are my offspring,
My child, I am the first God to appear on the planet.

Today through your governments and media
industry you wish to crucify me.
You can't stand my existence, my child;
I threaten your recessive nature,
I am who I am:

The mother of all creations,
The alpha and the omega,
The woman whose womb brings forth life;
I am Africa and Africa is me.

I am natural to this planet,
I am the dominant gene;
I am who I am,
I am the beginning and the end.

We Are People of the Nile

The first man that walked the earth did so on
The Nile, which gave life to our first African ancestor,
Gave us the world's oldest civilizations;
The Nile is the cradle of humanity.

The Nile fed the descendants of man in multitudes,

Nourished the land our ancestors farmed,
Guided man in the right direction;
The Nile is majestic and magical.

The Nile gave birth to commerce and trade,
The Nile gave birth to the Kushite kingdoms,
The Nile gave birth to the first God and Goddess,
The Nile gave birth to language and writing.

The Nile nourished our melanated souls,
The Nile nourished our intelligent minds,
The Nile communicated with the hidden parts of our
souls,
The Nile lives within all of humanity.

South Sudan is bleeding once more,
Drenching the Nile with blood of innocence –
Full of corpses disposed into Her;
Once more She is traumatized by the cry of Her
children.

The Nile once more opened Her gates for the
children,
Protecting them from the beast that lies within.
Once again is filled with bullets and blood,
The Nile is in deep pain and agony again.

The Nile calls on humanity to save themselves,
For unity among her children,
On the many nations and countries,
For respect of human life.

War

South Sudan is my story:
Her trial and tribulations,
Her twenty-one years of struggle,
Her two million bloodshed in genocide,
Her fight for humanity and recognition.

She fought her colonial powers.
Her children rose in her defense,
Linguistic(ally) and ethnically diverse,
Her children came together and fought for her life,
Unity in thought and action they worked.

Brothers that would fight before unified,
Tribes prone to quarrels became wise,
Ethnic misunderstandings no longer mattered,
The fight for freedom united tribes,
The war became the heart of the new state.

With empty stomachs we fought,
With no weapons we fought,
With no water and shelter we fought,
With no proper sanitation we fought,
With no support we fought;

Tribes on a suicide mission
For death was better than slavery, servitude,
Inhumane treatment, and embarrassment.
This is our native land
That we once ruled:

We were Kings and Queens,
Warriors and brick makers,
Fishermen and scholars,
Merchants and traders,
We were alive and we thrived;

We fought, for our diversity,
Our humanity,
Our freedom,
And for our expression, we fought.

Fifteen

My body has been numb since December 15.
Everything around me has become an illusion;
The life I enjoyed became my nightmare and
The innocence I had within was robbed again.

As they cried to God to spare their lives,
I complained about not having the newest bag;
As they were slaughtered in deep darkness,
I was somewhere in Calgary having dinner

While the refugee camps flood with blood
And water I slept in a comfortable heated bedroom.
In refugee camps with unsafe conditions, Mothers
gave birth;
My aunt was spoiled with attention from the first-
world doctors.

While I was crying about my relationship,
They cried because relationships were being
murdered.
I am spoiled with water and food:
They are denied basic necessities.

Nuer Genocide

Door to door
Death greeted them.
Door to door
Death thrust through the gun.
Door to door
Murder was the language.
Door to door
Vulnerability became a death sentence.

The Nuer language
Became the language of death.
The Nuer tribal marks
Became the sign of the enemy.
The Nuer identity
Became the prerequisite for genocide.
To be Nuer
Became a crime.

The blood of the people
Flowed and stained the Nile,
The screams and cries
Echo through the nights,
The suffering and agony

Tremble beneath the earth.
The core of the earth explodes
For every blood drop shed.

Truth cannot be buried;
Truth is free of man's error
For eternity it shall live.
The unconquerable truth
A seed trapped in concrete
Will rise from the ashes;
Blood spilled in vain
Will always be compensated.

Genocidal Rape

In the streets of Juba,
Within minutes
The recognition of the Nuer tribe
Became the source of my suffering,
Became my death sentence,

Became the source of inhumane humiliation.
In front of my family,
The government raped my flesh;
In front of my child,
The government raped my soul.

I became a mere object:
With foreign objects and weapons,
The government raped and tore my flesh,
With the gun pointed to my head,

The soldiers gang raped me.

As a woman
I became the greatest tool:
The patriarchal forces intensified,
The greatest victim I became
In times of war and genocide.

Rape used as a mean to control,
Rape used to police and restore
Order; used to assert genocidal and dictatorial
ideologies,
Rape used to terrorize the innocent ones,
Rape used to murder the souls of many.

House Fire of Juba

The gun greeted my soul and
Directed my fleeting life.
The gun became my master and
Led me to my tribesmen, where by
The gun many were gathered –
That day the gun ruled our feeble lives.

One by one,
We started asking questions,
Among us,
Was great confusion and despair;
Among us,
We knew death was near.

Among us,
Many strong men cried;
Among us,
The non-believers started praying.
Among us,
We said our final goodbyes.

Through the windows of the crowded room,
Bullets flew left, right and center.
Through the windows,
We met our death.
We embraced ourselves.
Many perished and only a few survived.

Never Again, Nuer Children

The blood of the innocent
Flows through the Nile river,
Staining the heart of Africa as
Cries from bullets and machetes
Disturbs the continent at night.

The suffering of Naath children
Keeps many African nations imbalanced
And troubles the hearts of truth tellers.
The stars will not align
Until light is shown in darkness.

A child deserves a chance,
A child deserves peace and security,
A child deserves stability and love,

A child deserves to be alive,
A child does not comprehend tribes,

But it is the child who becomes the soldier,
the murderer.
Adults of war use the child as a weapon,
A child's purity and innocence is manipulated,
For the benefits of the dictatorial regime.

Change

South Sudan:
State of many nations,
State of many languages,
State of many cultures,
State of great diversity.

South Sudan:
State in need of democracy,
State in need of equal distribution of wealth,
State in need of equal distribution of development,
State in need of hearing the voiceless.

South Sudan:
Citizens demand a just leader,
Citizens yearn for a chance to life,
Citizens want their ancestral lands,
Citizens want an end to the corruption.

South Sudan:
The land is fertile and vast,

There should be no hunger,
The mountains and the Nile always supply,
There should be no thirst.

South Sudan:
Remain true to your vision,
Remain consistent in your promise,
Remain true to the core of the struggle,
Because we are still suffering.

Blind

Mentally blind,
You couldn't hear my voice.
You couldn't comprehend my anger.
You couldn't fathom my state of agony.

Mentally blind,
You became inhuman.
You are detached from me.
You watch as they murder me.

Mentally blind,
You accept the genocidal bribes.
You traded me in for dollars.
You protected your position instead of me.

Mentally blind,
You don't know why you can't sleep at night.
You're too deep in self-deception to rationalize.
You became my worst reality.

Keep Your Sac of Maize

UN kept dropping that sac of maize,
It's incredible how people seem to be amazed,
How is it that food fell from the heavenly sky?
I wonder how did we get here I mean how did we
get here?

You see men and women running to grab a sac of
maize,
You see older adults fighting over food they can
grow,
The farmland left unkempt because the UN provides
food now,
The farm totally abandoned because it is too much
work!?

The maize with no nutrition is being used to feed
countless families,
The maize is being used to make Wal-Wal or Kop-
Kop,
The nutritious sorghum takes a while to grow but
maize is there!
Many new illnesses are born from this fake corn.

We went from organic corn to genetically modified
corn,
The land of milk and honey has become a land of
GMO corn,
The land of the world's freshest and organic produce

is now in jeopardy,
The soil thirsts for attention while the plate
celebrates!

The soil cursed the ground we walked on, my
people,
We have ignored her and abandoned her without a
given notice.
She feels the pain and longs to reconnect with her
people once again,
She sees the diseases and illness you accumulated
due to the foreigner,
She hopes and prays for that day we return to her
bosom and recreate.

Freedom

We shout for freedom!
We demand justice,
We want and need equality,
We yearn for humanity,
We are committed to mankind.

We shout for Gaza,
We shout for South Sudan,
We shout for Congo,
We shout for Syria,
We shout for Afghanistan.

The liberation of Gaza,
Is the liberation of humanity,

The freedom of Congo,
Is the freedom of humanity,
Life is our birthright.

We are all interconnected,
We breathe the same air,
Bleed the same blood;
The liberation of humanity,
Is collective thought and action.

Voiceless

The war raped his soul,
He came back ruined.
He came back lost and confused,
He came back bitter and angry.

He feels voiceless.
Society says you are weak
If you cry and express emotions,
He's trapped in his emotional turmoil.

He's trapped in patriarchy:
Patriarchy can't help him heal,
Patriarchy can't help him cry,
Patriarchy offers no support.

Society offers no services,
Society has no plans for him,
Society thinks he's fine,
Society tells him man up!

He is part of us

He was born whole and free,
He was born loving and caring,
He was born accepting and nurturing,
He was surrounded by love and affection.

Society taught him violence,
Society taught him disrespect,
Society taught him to be emotionless,
Society taught him patriarchy.

Society taught him hate of women,
Society taught him to hate matriarchy,
Society taught him femininity equals weakness.

Society taught him bigotry not manhood,
Society taught him abuse not manhood,
Society taught and ruined a young boy,
Society taught and polluted a young boy.

You Said

I cannot do it.
You said to me,
"I don't have the money,"

You said to me,
"Who do you think you are?"

You said to me,
"How dare you!"

You said to me,
"You are lost."
You said to me,
"You will always be poor."

I am not your words,
I am not defined by you;
I am the infinite invisible energy.

I am metaphysically rich,
I am the wealth you didn't see;
I am the source you didn't know,
I am all that you can't comprehend.

I Am My Own

A girl should be a human,
A girl should be free and creative,
A girl should be full of life and fearless,
A girl should be whatever she wants to be.

A girl is a child not a robot,
She needs freedom and not control,
Respect her mind and body,
She's not the canvas to be painted.

A girl should hold her own brush,
A brush to paint the life and future she wants;

A pen to write her story and become her own hero.
A girl is who she is, not what society says.

A girl is full of power and eternal fire,
A girl gives life to everyone around her;
A girl nurtures and heals with a smile,
A girl has eternal and universal powers.

Humanity

You pass judgments on others,
You are sitting on your high horse,
You are the centre of your own world,
You are perfection personified;
You can do no wrong.

Your insecurities prey,
Your tongue is a deadly weapon,
Your mind is clogged with negativity,
Your heart is restless and impatient;
Secure people are your poison.

You judge yourself through others,
You see your mistakes in others,
You see your weakness in others,
You see imperfection in others;
In others exist humanity.

Humanity you deny,
Humanity you cover up,
Humanity that you cannot accept,

Humanity that embraces imperfection,
Humanity that is whole.

Uniquality

Competition is an illusion;
No one can be you,
No one can think like you,
No one has personality like yours,
You will always be you.

You have unique fingerprints,
You have a unique DNA code,
You have unique toes and hair,
You have a unique physique.

You will always be you.
Each day it is still you.
You are not going anywhere;
You will always remain.

You are your own representative,
Be the best you that is possible,
No one can be you-er than you.
Always be the true you.

The Village Girl

The village girl
Dreams of the world,

Knows it's all possible,
Knows prosperity out of poverty.

The village girl
Is mentally rich and materialistically poor,
Knows loneliness and sadness,
Believes in infinite happiness.

The village girl
Is illiterate. She
Lives in a hut, dreams of a house,
Of an education.

The village girl
Believes in love but is arranged,
Believes in expression but suffers from silence.

I Am (Woman)

I am woman
Here to serve,
Here to lead,
Here to educate.

I am woman
Here to listen,
To support,
Here for you.

I am woman
Here to love,

To nurture,
To shelter.

I am woman
Here for peace,
Here for justice,
Here for equality.

I am woman;
I am many things;
I am everything;
I am limitless,

Value of a Woman

A woman's touch is precious,
Priceless, healing, soothing,
Loving.

A woman's voice is powerful,
Needed, heard, extraordinary;
A woman's voice matters.

A woman's mind is universal,
Thinks in unity, creates justice,
Creates peace;
A woman's mind is the key.

Honourable, respected,
Protected, free in thought and action;
Extraordinary and universal,

Is a woman's life.

She is More

She is more than physique,
She is more than hair,
She is more than skin,
She is more than height,
She is more than weight;

She is more than your definitions,
She is more than your limitations,
She is more than your patriarchal values,
She is more than what society says,
She is more than your judgement;

She is more than your bullying,
She is more than your rejection,
She is more than your negativity,
She is more than your words,
She is more than an object;

She is powerful,
She is holistically beautiful,
She is sacred and free,
She is a human-being,
She is more than this world.

I

I love you because you are,
I feel you because you exist,
I hear you because you speak,
I know you because I am.

I am here because you are,
I am present because you breathe,
I am awake because you shine,
I am alert because you sound.

I am full because you ate,
I am thirsty because you thirst,
I am awake because you can't rest,
I am sad because you cry.

I am happy because you smile,
I am at peace because you are,
I am overjoyed because you rejoice;
I am you and you are I.

Fire Within

The fire within burns.
The fire wants to consume,
The fire wants to destroy,
The fire cannot be quenched.

Words cannot douse the fire,
Water cannot put it out;

Humans cannot comprehend,
Animals fear the heat.

Tears fear the flames,
Fears are allergic to them;
Negativity cannot breathe next to it,
The fire consumes worldly matters,
The fire and I are one.

Nyareath Luak

You held the family stronger,
You were the mother and father,
You were life and death of the family,
You were the matriarch.

Grandma,
Your strength lives in me,
Your power lives in me,
Your love lives in me,
Your wisdom lives in me.

Grandma,
You did not die,
You did not disappear,
You did not go in vain,
Your death was honourable.

Grandma,
Today I live; I am here;
Today I have a vision,

Today I am eternally grateful.
Grandma,
I am your legacy,
I am your hope,
I am your truth,
I am your blood.

Grandma,
You are always with me,
Watching mother and I,
You are always near,
I have no fear.

Mach Biel Kuel

The blood of my blood,
Flesh of my flesh,
Breath of my breath,
Spirit of my spirit;

You did not die in vain.
Your spirit will continue to live on
Through your children and I:
We will continue the work you have started.

Your soul is in a better place now and
Your love for us the heavenly father knows;
Your commitment to us, the angels understand,
Your love for the nation, the community
understands,

Your love for the church, every man can witness;
My brother we are one.
When you died a part of me died,
When you departed you left me work and

Responsibilities, which are now mine.
Through my pen your legacy will continue,
Through my tongue your love will live on.
Your commitment to the community lives on
through us.

The Light

I am the light,
In poverty,
In loneliness,
In heartbreak,
At the end of the tunnel.

I am the universe,
The earth,
The continents,
The countries,
The nations,

I am the goodness,
The fiery passion,
The force,
The protector,

The fighter,

The one;
I am all that I am,
the beginning and the end.

I, the Creator

It all comes from within:
An idea is born,
A thought is nurtured,
The thought is communicated,

The thought comes to life
Through the collaboration
Of like-minded individuals;
Unity in thought and action.

Manifested into physical form
The thought becomes a thing,
An object, an entity,
The transformation of an idea.

Beware you are always creating
Negative or positive mindsets;
The mind is always manifesting and
You are the creator of your life.

Dengtääth

My God is not a HE or a SHE,
Not a gender but a spirit;

My God is not Islam or Christianity,
My God is beyond labels and limitations of man.

My God cannot be contained in a book,
Or in the pages of man;
My God is not a carved idol hanging on the wall,
Or the necklace you have on your neck.

My God is not responsible for all the wrong in the
world,
My God has no boundary and is merciful;
My God loves all people.

My God is a spirit that lives within all of us,
My God is the confidence that's live within us,
My God is the natural love and goodness within all
of us,
My God is my God and you can't put it in a box and
you can't put a definition to it.

Dust

The sun shone,
Dust received me;
Oxygen embraced me,
Blood flowed.

The hut sheltered me,
Trees sang songs of welcome;
The Earth trembled,
The light was born.

Hands awaited me,
Touch yearned for me;
Love expected me,
Life gained another.

The Lost Generation

We were the slayed
In the battle unknown;
We are in the thousands,
The children with no future.

In camps
We became targets
And on the roads
We became sexually abused.

In our homes,
We were mutilated
In front of our families;
We were murdered.

Our cries
Fill the air and sky;
Our tears,
Flooding the oceans.

Our blood
Runs into the soil and
Our flesh

Rots in the hot African sun.

A generation
Is lost beyond repair;
A generation
Is secretly being annihilated.

Years in the Pinyudo Refugee Camp

We've spent many years
In the refugee camp where
We became numb
To our pain and hearts.

We were terrified,
Hopeless, and reaching for
Death,
While holding onto dear life.

But we had each other,
Our family;
We survived much turmoil,
Because the bond is unbreakable.

In our starvation there was satisfaction,
In our thirst there was fulfillment,
We hoped for a better tomorrow,
That tomorrow was a promise,

A promise to a better life,
We dreamt and ached for tomorrow,

Because tomorrow just might be the day,
The day we are released from the abyss.

Seeds

Today I woke up to
My mother crying;
My father has left,
This time for good.

There were many of us,
We are in complete shock,
Did we do something wrong?
Were we not good children?

These questions haunt me:
A home of a single parent
Has many challenges,
Many obstacles.

I heard he ran off
With a new woman
To start a new family
While ignoring us.

He divorced our mother,
I guess he divorced us too,
Why should we suffer?
We deserve a relationship.

Our father will always be our father, as

Women come and go,
We will always be there till death;
We are the seeds he left behind.

Neglect the seed and it will die,
Water the seed and it will grow;
Deny the seed and others will claim it,
Hide the seed and it will grow in the shadows.

Conscious Conception

Did you think about me thoroughly
Before you conceived me?
Was I alive in your thoughts
Before you decided to lie down?

Did you think about my future
Before I was born?
Are you good parents
Or will I be the testing and playing ground?

Can you provide for me?
Can you protect me?
Can you truly love me?
Are you two living in a positive world?

Am I an accident?
Was I a result of pleasure?
Will I just appear here on earth by chance?
Am I really that important?

Every action has a consequence;
All children deserve parents that want them,
Not parents that will punish and scold them
For existing in the first place.

Unmaterialistic

Manmade objects
Cannot determine my worth or
Measure the immeasurable;

Manmade objects
Cannot determine the matters of the heart,
And are incapable of human emotions.

Slave to the dollar,
I am not;
Slave to materialism,
I am not;

Slave to the latest product,
I am not;
Slave to the latest trend,
I am not.

Objects are constructed by people:
Objects are one's creativity –
The manifestations of our thoughts into things,
And I refuse to become a slave to an object.

In the moment

Do we ever sit back and wonder
About the world we live in?
Admire the Creator's work,
The divinity in life and plants,

The magnificence of the earth,
The beauty in soils,
The diversity of wildlife,
Do we ever rejoice?

Nature is part of us:
We are nature.
The day will come
When we return to dust.

Choice

How do you want to live,
Happy or miserable?
The choice is truly yours,
You have the power to decide.

Nothing happens by chance for
We are the result of our thoughts,
Whether it be full of woes or joy,
It is really up to us.

Others are not to blame for

They hold no power over us.
We are the masters of our lives,
So ignite the creator within.

The ancestors have left you with powers,
The creator has endowed you with personal free
will;
We are full of abundance and abundant powers,
Do not suppress the creator within.

Create the life you want,
Become what you want to see in the world,
For we are invincible and unconquerable
Once decided we are unbreakable.

Power

The tongue,
A small organ in the body,
But the most powerful and destructive,
Has ruled for dynasties and civilizations and
Torn apart and connected human beings.

This fleshy muscular organ
Has started and ended wars,
Begun and broken peaceful deals,
Broken empires and created ones,
And brought into existence life and death.

The tongue,
Has killed many women and children,

Enslaved millions and empowered millions,
Boasted about strong nations and weaken others,
Claimed the world and destroyed it;

The tongue
Is controlled by us,
By our thoughts.
It is a slave to our brain.
The tongue only manifests our thoughts.

Misuse

The flesh is abused by us,
The flesh is poisoned by us,
The flesh is tormented by us,
The flesh is disregarded by us,
The flesh is disrespected by us,
The flesh is devalued by us;

We have been programmed,
We have been conditioned,
We have been indoctrinated,
We have been lied too,
We have been led astray,
We have become victims –

Victims of a sick society;
A society that preaches immorality,
A society that encourages self-mutilation,
A society that does not see human value,
A society that see humans as a problem,

A society that sees human as pests to be controlled.

But we are society,
We can change our attitudes toward ourselves,
We can change the negative habits of self-disrespect,
We can change our outlook on the human condition,
We can fall in love with our flesh once again,
We can honour and protect our bodies once more.

I am a Nuer Woman

I am a Nuer woman,
Proud of my ancestry,
Proud of my language,
Proud of my roots,
Proud of bloodline –

The bloodline of the fierce,
Of the strong,
Of warriors, of greatness in
Women and men.

You can find me in Upper Nile State,
You can find me in Gambela,
You can find me in the diaspora;
I am everywhere my dear,
I am the woman that walks tall and free.

My fellow humans
I invite you to enjoy and celebrate your roots.
I want you to discover the beauty of your ancestry,

The glory and strength of those before you –
In our roots we will find commonality.

We are offspring of survivors,
We are offspring of great spirits,
We are offspring of those who lived,
We are offspring of wonderful souls,
We are one with our ancestors.

I am my own

I must create my own standards for
The world doesn't create universal standards;
I need standards that are uniquely my own
That are aligned with my value system.

The world has a standard for my skin,
I have my own,
The world has a standard for my brain,
I have my own.

The world has a standard for my people,
We have our own.
The world has defined my people,
We have defined ourselves.

The world wants us to adhere to its definitions,
We are rebellious and know our true selves,
The world wants us in shackles,
We are free men and women.

The world wants to contain us in a box,
We are without boundaries,
The world has low expectations of us,
Our greatness cannot be measured.

Reassurance

Every now and then
The ancestors visit me,
Reminding me of my purpose,
Encouraging me in the toughest time,
Reassuring their support and commitment.

Every now and then
Life throws challenges my way,
But the ancestors are always there
To guide me through the valley of turmoil –
Planting my feet in wisdom and understanding.

Every now and then
I take things personally,
But the ancestors reassure me
The battle has nothing to do with me,
But that they fear the Great Spirit within.

Every now and then
The ancestors remind me
Of the bigger vision for me,
I do not exist for me anymore,
But the many helpless souls in our world.

War on Melanin

Because of our melanin
We became a target
In a system ready to annihilate
Our kind by any means necessary;
Our skin becomes the prerequisite for murder.

Our lives are cheapened,
Our lives are shorten and damaged
Because we are still the other,
The savage, the uncivilized human;
We have no voice in this world.

We are oppressed and suppressed,
We are silenced and caged up,
We are thrown away like garbage,
We are considered the enemy,
Where are we safe?

We are the fathers and mothers of the earth,
But we are treated like the pests of the earth;
We are the original landowners,
But now we are homeless.

How long will we go on like this?
How long will we endure this torment?
How long will we suffer?
We have been suffering for too long.

THOK NATH

RIET IN NHIAM

Ɛn titkɔrä tuɔɔkɛ guaath mi ŋot kɛ mi dhɔat kɛ ɛ riw wiecmuɔɔn amäni ɛn walɛ. Kä nyal mi tɔt mi thil waari mi cieŋ kɛ luäk kuan Mat Röl, ɛn guaath ɛmɛ thilɛ ciöt. Ɛn guaath duundɛ lëth, kööt, kä guaath rikä kɛ pek guath mi dit ni jɛn; ɛ guaath mi dapkɛ gaat ti thil pek thin kä bi ti thil pek kɔkiɛn liw kɛ komwäli runi diaal tëë tekɛ jɛ cuŋä. Ɛ guaath mi cɛtkɛ **Distric 12** kä *Hunger Games*, kä ca guaath lɔŋä kä daak Jɔak Thudan tin bar rɔ kɛ koori, linytim, amäni bɔaath kɛ komwäli runi.

Pinyɛduk kal dak tëë kam keyä cuëëc Jɔak Thudan kɛnɛ Rolbuuny.
Kä nɛy tin ŋuan tëk Pinyɛduk länyɛ tëk kal mi ca ji yieenä duɔl thin. Kɛ kuiëdɛ ɛlɔŋ rɛy kal ji yieenä, ŋäc raan ɛ i liaa ɛ jɛn guut duɔp ɛn wëë thin kä bɛ ben kɛ pëth a /ci mɔ a yɔɔ. A cäŋni mɔ tëë nɔ, rɛy kal daakni deri liep kɛ komwäli runi, kä bi lipnhiam päl ɛn ɣöö bi jiëën, bi dundu a liaa ɛn guaath ɛ dɔr ɛmɛ. Kä ɣä, Pinyɛduk kɛnɛ käl dak tin kɔkiɛn kä Aphrika kɛ yiëëth nak bitä Aphrika ni kɛn. Daak ti ci cuuc la cuackɛ kɛ guathni tin cakɛ ruɔl thin. Guaath mi te ni jaak luak Mat Röl

kɛ luaŋ kɛ kap muɔɔn kɛnɛ naath.

Manytapni gërcak kɛnɛ thiɔl gërcak kɛ kɛn la kuan tin kamkɛ daak. Ɛŋa dee cieŋɔ ɛpuc kɛ manytap kɛnɛ thiɔl kärɔ? Kɛn jaak luak kamkɛ daak mi rɔŋ mi dee kɛ rɔam teekä duundɛ ɣöö thilɛ gɔymieth mi te thin. Kɛn daak rɔamkɛ ni kɛ teekä, ɛ /ci mɔ a pieth. Kɛ ɣöö bi jaak luak ŋot kɛ mi lätkɛ.

Tëk ji Aphrika lätɛ cɛtkɛ mi thil luɔt. Ɛnyɔk, kɔn ji Aphrika ca kɔn bil ɛla "ɛn Riɛk ji Aphrika" kiɛ "ɛn riɛk wiecmuɔɔn"; mi larkɛ jɛ kɛ rieet ti kɔŋ, ɛn "ɣac raan min bor" komkuri in 19diɛn. Gɔar kɛ jɛ ɛlɔŋ kä ruaacni luak daakni komkuri in 21liɛn.

TËTHLƆAAC

Ɛn nọọŋni komyɔr ɛmɛ tuɔɔkɛ ɛla mat tetni tieyni ti ŋuan kɛɛl. Ɣän tɛthlɔcdä kä cä baŋ kɛ jekdä kɛ luäk matciëëŋni Jɔak Thudạn, Kanada amäni wịcmuɔɔn in dɔŋ.

Ɛn nën ɛ ɣöö dëë komyɔr wẹẹrieetni kɛ thuk dạŋ rɛw gɔr bëë kä määthdä, kä raan matciëëŋ kɛ ɣä kɛɛl, Bol Gatkuɔth Gɛy, mëë cɛ nhɔk ɛn ɣöö derɛ wẹẹrieetni luɔc kä thok Nath. Bol cɛ wẹẹrieetni nööŋ teekä kɛ thookdä; Cɛ wịcmuɔni dạŋ rɛw tin ŋạcä mat ɛla kɛl. Tëthlɔcdä kɛ yaclät, pël kɛnɛ dhieel tin cị lạth rɛy komyɔr ɛmɛ. Ɛ luth mi diịt ɛn lạt kɛ raan mi ŋuët kɛɛl kɛ gɔy matrɛmä. Ɛ mat tetni ɛmɛ la cäät lạt këël kɛnɛ cuɔŋ kɛɛl rɛy matciëëŋnikɔn.

Ahmed Alkubaisy, cä thiạạŋ kɛ tëthlɔaac kɛ mat tetnidu rɛy komyɔr ɛmɛ; cạạplạtku kɛnɛ pëlu amäni thildiwädu kä thok Liŋliịthni ca wẹẹrieetni tịtị luäk kɛ cuɔm. Brian Seamen, mat tetni, tiịtni kɛnɛ comniku tekɛ kɛ tet kä cuɔm komyɔr ɛmɛ. Ci lɔcdä tɛɛth kɛ ŋathdu kɛ luạŋdä. Dr. Arthur Clark, tɛth lɔcdä ɛpuc kɛ nyuuridu kɛ ɣä cieeŋdu kɛ cäŋkä 15 kä Duät 2015. Lạrä tëthlɔaac in diịt nɛy diaal tëë ci bën kɛ ɣöö ba läkcärä nyaal mi tɔt ben liŋ. Tɛth lɔcdä ɛpuc kɛ buɔmdun kɛ ɣä.

Maar Nyɛkạt Puɔc, guạạr Gatbɛl Puɔc, gaatmaar Tëthlɔac Gatbɛl, Nyaciëŋ Gatbɛl, Buɔmkuɔth Gatbɛl amäni Duɔl Gatbɛl Puɔc ci lɔcdä tɛɛth kɛ ŋạthdun kɛ luạŋdä.

GƆ̱ARKƐ JƐ KƐ TIEM

Maadɔɔŋ Nyɛrëth Luak, ŋ̱ackɛ jɛ kɛ ŋëënydɛ kɛnɛ
lät weethädɛ. Kɛ gua̱th ëë cieŋ men kɛ dual kɛnɛ
lieŋ ruaacni, cɛ cuɔ̱ŋ ɛla jɛn. Maadɔɔŋ ɛ kuäär,
rọọm, gääŋ kä määk. Kɛ piethdä cua̱ cɛ liak kä cua̱
gọr i̱ dëë ce̱tkɛ jɛ. Cɛ ŋäth ɛn ɣöö dee raan lɔcdɛ
guɔ̱ɔr kä dee raan min gɔaa ni jɛn kɛ jɛ la̱t. Ciek
mi gääy naath ce̱tkɛ nɛmɛ cɛ ɣä luäk kɛ ciaaŋdä in
rëlä karɔa. Cɛ tin guickɛ i̱ la cuɔ̱ɔŋ lọk kä cɛ gaatkɛ,
kɛnɛ gaat gankɛ jakä bi kɛ cieŋ a lɔr. Mi ɛ ji̱n raan
mi ŋääth Kuoth kiɛ /ci̱ ŋ̱ath /ken maadɔɔŋ naath
luk. /Ciɛ raan mi dee jek ni ɣöö bathkɛ ca̱rɛ kiɛ
nhɔk ni mi pay yi̱k. Cɛ cieŋ ɛla jɛn puɔ̱nydɛ; jɛn
a raan mi ŋäcrɔ. Tëkdɛ jakɛ ɣä kä ɣöö dëë këk in
di̱i̱t rɔam thi̱n, min la duŋdɛ. Ɣän liakä rɔ kä ɛ luth
ɛn ɣöö ɛ ɣän nyɛ-nyaadɛ.

*The Fire Within
(Thok Nath)*

Ca Cim Ɛ Cäŋ

Riŋdä cäätɛ kɛ di̱ri piɛny muɔɔn,
Riŋdä ca ruk kɛɛl kɛ ɣɔw ca̱k.
Riŋdä lo̱nyɛ kɛ riɛm kä yiëëɛ ce̱tkɛ ri̱ŋdu,
Riŋdä jekɛ bëc kɛnɛ miit ce̱tni kɛ ri̱ŋdu.

Tieepgupä ɛmɛ cäätɛ kɛ tieep ja̱a̱kni nhial;
Tieepgupä ɛmɛ cäätɛ kɛ kɔ̱ac buɔyä path kɛ wäär.
Tieepgupä ɛmɛ thieecɛ tiit luthä kä Kuoth,
Tieepgupä ɛmɛ, kɛ jɛ biɛ nhɔk ɛn ɣöö bi̱ ŋar kä bi
lɔcdu tɛɛth.

Bi̱ɛl ɛmɛ ca cak kä ca täth kuoothä kɛ ɣöö bɛ rɔ̱ŋ
kɛ ɣä,
Bi̱ɛl ɛmɛ ca liɔm kä ca thɛmtäth kɛ ɣöö bɛ ri̱ŋdä
gaŋ kɛ Riaw Guith-yi̱elluaal (RG),
Bi̱ɛl ɛmɛ cɛ yiëëth kɛ thärru̱i̱cä tacru̱i̱c kɛnɛ
donypiny ma̱cpan,
Bi̱ɛl ɛmɛ a ŋot kɛ we nhiam ba juuc kä ji̱.

Puɔ̱ny ɛmɛ jekɛ dönylathä ɣɔaa ɛn la nöp karikɔn
tëë nhiam,
Puɔ̱ny ɛmɛ ca poth kɛ dhieel mi di̱i̱t kɛnɛ buɔ̱m
rutä ŋɔaani diaal.
Puɔ̱ny ɛmɛ /cɛ larnhök, liak, tiit kiɛ nhökdun go̱r;
Puɔ̱ny ɛmɛ ɛ cuk yieekä kuoothä mi cieŋ wi̱i̱muɔ̱ɔn
kɛ päk guäth mi ciɛk,

A wɛtköökni ŋar kɛ ɣöö /ca tieeydä in tekɛ
pälpiny jakä gak;
A lithyo̱tä nööŋkɛ kɛ ɣöö /ca biɛl gupädä jakä
gak;
A ŋakno̱mni tuɔɔk kɛ ɣöö /ca mac ɛn te rɛy ti̱i̱yädä
dɔp;
A lo̱k kɛnɛ yaak be kɛ ɣöö /ca pek lotädä luäŋ kɛ
thëm.

Tuktëkcuɔl

Ɣän ca ɣä cueny.
Ɣän la ɣo̱ttëkcuɔli a jio̱k i̱ la̱tɛ a bääl gua̱a̱th,
Kɛ ɣöö mi ci tunyca̱r we kɛ cuɔl la nhiacdɛ a we
kɛ liɛm.
Thilɛ mi läny ciem ji̱-Ɣo̱pi kɛ liɛm,

Duɔɔth ti buɔy ɛlɔ̱ŋ di̱t lɔc ca̱ŋ;
Ciök la̱nykɛ Ɣo̱pi kɛ bär
Gu̱ɔp cuolɛ ɛlɔ̱ŋ jakɛ muth kä lathɛ kɛ dual.
Ciaaŋ mi ciaaŋ wutpäänyä jakɛ kuɔ̱ɔ̱n kä barkɛ rɔ̱.

Jualɛ mi guithmaan ɛ jɛn kum kuäärädä ni ciaŋ,
Cä di̱t ɛlɔ̱ŋ thilɛ juën waŋ;
Ɛn tieey in te rɛcɔ kuɔ̱thɛ cɛtkɛ tho̱l,
Jɛn bɛ dhil we a keem ji̱th nath kä ba liŋ.

Gɔ̱a̱a̱ŋ cɛtkɛ kɔ̱aklueŋ caam Aphrika;

Ɛ ɣän ɛn ciek cak,
Ɣän baa rool nɛɛni ti caar,
Ɣän baa rool nɛɛni ti weth.

/Ciɛ ɣän mi cuol kä roŋnhök
Ɛ ɣän ciek cak ni jɛn ino.
/Ci mi ci Kuoth ɛ cak dee rialikä kiɛ latjoor;
Kuoth cɛ gäŋ ti ŋuan naŋ kɛ tath ciëk mi cɛtkɛ ɣä.

Cuoŋ Cärä Carwaŋyurop

Cuoŋ cärä carwaŋyurop,
Ɣän cua kum mieem lath ɛ taa run wälbäkɛl;
Car mi carwaŋyurop,
Ɣän cua thiec tok kɛ kui Tuktëkcuolä.

Cuoŋ cärä carwaŋyurop,
I wutni tin ca roth ɛ tuktëkcuol kɛ ti jiek;
Cuoŋ cärä carwaŋyurop,
Ɣän cua jɛ gor i bi ɣän a ciekdɛ.

Cuoŋ cärä carwaŋyurop,
Ɣän cä thokdä bath kɛ thokdɛ;
Cuoŋ cärä carwaŋyurop,
Ɣän cä ro kaŋ i ɛ ɣän ramkɛl kä kɛ.

Cuoŋ cärä carwaŋyurop,
Ɣän cua Yurop pal kä banyä Aphrika piny;

Cuɔ̱ŋ cärä cạrwaŋyurɔp,
Ɛ ɣän ŋa?

Cuɔ̱ŋ cärä cạrwaŋyurɔp,
Ɣän cuạ min la duŋdä nyir duŋdɛ ɣöö nhɔakä min
la duŋdɛ;
Cuɔ̱ŋ cärä cạrwaŋyurɔp,
Ɣän lịewä rɛcɔ.
Cuɔ̱ŋ cärä cạrwaŋyurɔp,
Puɔ̱nydä tapɛ kɛ yaak runi;
Cuɔ̱ŋ cärä cạrwaŋyurɔp,
Jɛn rɔ̱ŋɛ kɛ guuri.

Miy

Ɣän cä yɛ näk kɛ gërcạk,
Ɣän cä yɛ waŋ lịth,
Ɣän cä tëk yɔat raar puɔ̱ɔnydun,
Ɣän cä yɛ yak kɛ cạạp ti gööl.

Ɣän cä ruac a jiek kɛ yɛ,
Ɣän cä yɛ tɔany kä cä yɛ yak,
Ɣän cä rɔ mat kä ciɛŋ ti ci jị pọc,
Ɣän cä yɛ pɔal nhiam nath amäni kɛ tɛ̈ɛ̈.

Ɣän cä maar jakä nyiir yɛ;
Ɣän cä gaatmaar jakä kääp yɛ;
Ɣän cä mäthnikä jakä ɣeer yɛ;

Ɣän cä luumdä jakä teey yɛ.

Ɣän cä wi̱cmuɔɔn jakä nyiir yɛ;
Ɣän cä wi̱cmuɔɔn jakä ŋul yɛ ruɛy;
Ɣän cä wi̱cmuɔɔn jakä kääp yɛ;
Ɣän cä wi̱cmuɔɔn jakä ciɛŋ yɛ a jiek;

Ɣän cä linyti̱mdun jakä tuɔɔk,
Ɣän cä riawdun jakä tuɔɔk kä cä tetdä mat thi̱n,
Ci ɣän a gua̱ntërun in di̱i̱t,
Ci ɣän a läkdualädun in jiek ɛrac.

Kɛ rɛydiɛn diaal ŋotɛ ji̱ɛɛci̱ rɔ,
Kɛ rɛydiɛn diaal ci miyku we kɛ buɔm,
Kɛ rɛydiɛn diaal ci̱ we kɛ we nhiam rɔamthi̱n,
Kɛ rɛydiɛn kɛ yɛn KLR-dä

Ɛn Rɔmrɛm

Puɔtni jiaath Tuktëkcuɔl kɛ ni̱n diaal,
Ti̱eem ca̱rwangyurɔp kɛ päth diaal,
Lockuaakä kɛnɛ riɔa̱r kɛ ni̱n diaal,
Ti̱eem ciëk mi thil diw kɛ päth diaal:

Kuaari yi̱otä tin bi rɔ loc ɛla ciekdɛ -
Kuaari länyä mieem tin riɛnykɛ miy Aphrika;
Wal ciwä ti na̱kɛ gɔa̱a̱ŋ naathä kɛ buɔth,
Kuethni karikä kɛ ni̱n diaal:

Ŋuɔktieepni gan Aphrika ti can kɛ nịn diaal -
Tịeem ciëk mi kuany kɛ nịn diaal;
Tịeem kɛ kuị Thạartjie Bạartman kɛ nịn diaal,
Tịeem guạthdä wịimuɔɔn kɛ nịn diaal:

Tịeem kɛ kuị yaakdöri mi rɔkcạp,
Cạrwaŋyurɔp, liaŋ kɛ jɛ rölikɔn,
Cär kuec cuëëc ɣɔaa ca kɛ tɔak rɛy tooknikɔn,
Cuɔ̱ŋpiny ŋịeec kɛ jɛ dueligɔrä:

Kuëth Jieekyieeni kɛ kuị pithciaaŋdä,
Kuëth jiekyieeni kɛ kuị thuɔkdä,
Kuëth jiekyieeni kɛ kuị kërnathdä,
Kuëth jiekyieeni kɛ tạadäthịn.

Thok Rëëk Raancạk

Jicdä ɛ jɛn la thok rëëk raancạk,
Jicdä jɛn noọŋɛ ni kuạr wuutni kɛnɛ men
wịimuɔɔn:
Jicdä daapɛ ni gaat cuŋni kɛnɛ thuɔ̱ɔ̱k,
Jicdä ɛ jɛn ciëŋ raancạk in nhiam.

Jicdä ɛ jɛn buɔmyɔk in dịịt wịimuɔɔn,
Jicdä a thil liŋ kamdan /cɛ tëk bi nööŋ,
Jicdä, yiëëthdä in dhiltëk;
Jicdä, guạath kuoothä.

Ɣän baa mɛk ɛn gat ran min bä rɔm,
Ɣän baa mɛk ɛn kaar ran in bä yɔac nhiam,
Ɣän baa mɛk ɛn këk ran in bi we nhiam kɛ rɛydä,
Ɣän baa mɛk ɛn kuëë in lotrɔ.

Jicdä tëë kɛ tiitthiec kɛ tëk wiɛcmuɔɔn,
Ɛŋu dëë rɔ jakä dɔar kɛ puɔnydä mɔ?
Jicdä läny luɔtɛ yiëëthlaŋ,
Jicdä ɛ jɛn la thok rëëk raancak.

Räl

Kɛ rɛy räälkä
Riŋ riɛm dööri ti ŋuan thin,
Cieŋ yiëë thukni ti ŋuan thin,
Lony ŋäcŋuaani kari thin,
Cieŋ lɔthciaaŋ kari thin;

Kɛ räälkä
Lony pekmuɔɔn thin,
Lony Rolbuuny thin,
Lony Jinub thin,
Kɛ këk Metɛwiiy;

Kɛ rɛy räälkä,
Ci men ti bum cieŋ thin,
Lony ɣɔkthot cak thin,

Lony kuɛlɛyot thin ,
Lony tëk thin.

Jiath Teekä

Ɛ ɣän ɛn ciek ɛn duali i dee a jin.
Miem ti riɛthriɛɛth kɛnɛ guɔp mi cuol, tin duali
kɛ nëndiɛn
Thok kɛnɛ juol ti thiäŋ tin jak tieeydu kä rot.
Ɛ ɣän tieep kɛnɛ yiëë tin guic lɔcdu kɛ i deri näk
A määth, kɛ rɛy romrɛm, min la jak latdu.

 Ɛ ɣän muɔɔr kä guur, gatdä.
Kɛ rɛydä jiɛcdä ci kaar nath ben raar, min la gatdä.
Kɛ rɛydä ca wicmuɔɔn yiɛth ɛ naath;
Kɛ rɛydä cu taa teekä thin rɔ lot.

Guɔpdä cäätɛ kɛ mun ɛn baa thin,
Miemkä tin riɛthriɛɛth kɛn kɛ miy teekä.
Ɛ ɣän jiath teekä kä kɛ yɛn dɛykä,
Gatdä, ɛ ɣän kuoth in jiol ëë took jɔac rɛy yickuɛlä.

Ɛn walɛ kɛ duɔlruic kɛnɛ kuierlat romrɛmdu guic
lɔcdu puɔtdä jiaath.
/Ci taa dä thin nhɔk, gatdä;
Ɣän jakä cakdu in thil luɔt kä dual,
Ɛ ɣän min la ɣän:

Ɛ ɣän man cäkni kɛn diaal,
Ɛ ɣän jio̱l kɛnɛ guut,
Ɛ ɣän ciek ɛn no̱o̱ŋ jicdɛ tëk;
Ɛ ɣän Aphrika kä Aphrika ɛ ɣän.

Ɣän cakɛ ɣä ɛn rɛy kuɛlä nɛmɛ,
Ɛ ɣän rɔmcät in gerjɔac;
Ɛ ɣän min la ɣän,
Ɛ ɣän tuk kɛnɛ thuo̱k.

Kɛ kɔn Ji̱ Ɣo̱pi

Ɛn raan mëë nhiam ëë jääl wi̱cmuo̱ɔ̱n bä
Cɛ ja̱l wi̱i̱ Ɣo̱pi, in ci kɔn ka̱m tëk kaar Aphrikadan
in jio̱l,
Cɛ kɔn ka̱m kërnath in dɔaaŋ ni jɛn wi̱i̱muo̱ɔ̱n;
Ɛn Ɣo̱pi ɛ jɛn guaa̱th in tuɔɔk naath thi̱n.

Ɛn Ɣo̱pi cɛ rɛm kuayni gatä ran mi̱eeth,
Ɛn Ɣo̱pi cɛ mun ëë puo̱rkɛ ɛ karkɔn mi̱eeth,
Ɛn Ɣo̱pi cɛ raan böth dup in cuo̱ɔ̱ŋ;
Ɛn Ɣo̱pi ɛ mi gärgär kä gääy naath.

Ɛn Ɣo̱pi cɛ rolkök kɛnɛ jäälkök dap,
Ɛn Ɣo̱pi cɛ ciëëŋ kuäärä nɛɛni tin ca̱a̱r dap,
ɛn Ɣo̱pi cɛ kuoth wutä kɛnɛ kuoth ciëk tin nhiam
dap,
Ɛn Ɣo̱pi cɛ thok kɛnɛ go̱a̱r dap.

Ɛn Ɣo̱pi cɛ tieynikɔn tin ca kum ɛ Tuktëkcuɔl
mi̱eeth,
Ɛn Ɣo̱pi cɛ cärkɔn tin pɛl mi̱eeth,
Ɛn Ɣo̱pi cɛ rɔ liŋ kɛ cuŋ tieynikɔn tin ca të̱ë̱,
Ɛn Ɣo̱pi ciɛŋɛ rɛy nath diaal.

Jɔk Thuda̱n nyɔkɛ rɔ kɛ löny kɛ riɛm,
Ɛn Ɣo̱pi ca muɔy kɛ riɛm nɛɛni ti thil duer -
Ɛn Ɣo̱pi cɛ die̱er kɛ jɔɔk ti ca yuɔr rɛydɛ;
Ɛn Ɣo̱pi ca moc kɛ gua̱rcäärä ɛ wiee gan.

Ɛn Ɣo̱pi cɛ thiekni nyɔk kɛ lëp gaatkɛ,
Ɛn Ɣo̱pi gaŋɛ gaatkɛ kɛ le̱y in te rɛcɔ.
Ɛn Ɣo̱pi cɛ rɔ nyɔk kɛ thia̱a̱ŋ kɛ riɛm kɛnɛ dɛy
mäcni,
Ɛn Ɣo̱pi tëë rɛy bɛcä pua̱a̱ny mi di̱it ɛ nyɔk.

Ɛn Ɣo̱pi cɔɔlɛ naath kɛ ɣöö bikɛ rɔ̱ kän,
Ɛn Ɣo̱pi cio̱tɛ kɛ mat kam gankɛ,
Ɛn Ɣo̱pi cɔɔlɛ röl kɛnɛ wi̱ic ti ŋuan,
Ɛn Ɣo̱pi cio̱tɛ kɛ luth teekä gatä ran.

Ko̱r

Jɔk Thuda̱n ɛ latkɔrä:
Ɣɔ̱ndɛ kɛnɛ ya̱kdɛ,
Run terä muɔ̱ɔn ti jɛnrɛw-wi̱cdɛ kɛl,

Näk nɛɛnikɛ ti tanydɔri rɛw kɛ linytim,
Kọrɛ kɛ kui naathä kɛnɛ ŋiẹc.

Cɛ yiëëth kɛ rɛm köör maacpandɛ.
Ci gaatkɛ rɔ jiɛc kɛ gaŋdɛ,
Guɛlɛ kɛ thuk kɛnɛ dör,
Ci gaatkɛ ben kɛɛl kä cikɛ kọrtɛr kɛ kui teekädɛ,
Cikɛ lät kɛɛl kɛ mat cäri kɛnɛ lat.

Gaat wutä tëë la nyieeny ɛntämɛ ca rɔ mat,
Döör ti ci kɔn a tekɛ ŋaknɔmni ci kɛ pël,
Lieŋjiẹek kam döri /cɛ lɛ ŋot ɛla riɛk,
Ɛn kọr kɛ gör lɔrä cɛ dör mat,
Ɛn kọr ci jɛn a lɔc wẹc in pay jek.

Ci kɔn kọr tɛr kɛ jiaac ti näk buɔthkɛ,
Ci kɔn kọr tɛr a thil yiọw köör,
Ci kɔn kọr tɛr a thil piw kiɛ tieep,
Ci kɔn kọr tɛr a thil yoop puaany,
Ci kɔn kọr tɛr a thil luäk;

Dör rɛy duɔp jak lieth
Kɛ ɣöö cu ŋuääni liaa kä kuaany, läätni,
Ciaaŋ mi /cia ciaaŋ nath, kɛnɛ puɔli.
Mun ɛmɛ cakɛ ni kɔn thin
Ci kɔn kɔn ruëc ɛn muun ɛmɛ:

Ci kɔn kɔnɛ kuar wutni kɛnɛ men,
Ci kɔn kɔnɛ ji-köör kɛnɛ taath patä muɔɔn,

Ci kɔn kɔnɛ maay rɛc kɛnɛ ji-gɔrä,
Ci kɔn kɔnɛ daakokä kɛnɛ jaalkokä,
Ci kɔn kɔn tëk kä pat;

Ci kɔn kor tɛr, kɛ gaŋ guɛlädan,
Ci kɔn kor tɛr kɛ kui naathädan,
Ci kɔn kor tɛr kɛ ɣöö banɛ lɔar,
Ci kɔn kor tɛr kɛ ɣöö ba jɔwdan liŋ.

Wäldhieec

Puɔnydä cɛ dhil a tookɛ ni kɛ cäŋkä 15 kä Tiɔp-
in-diit.
Ŋuak diaal tin te gekädä ci kɛn a carday;
Ɛn tëk ëë jëkä gɔɔydɛ ci jɛn a läkdualädä
Ɛn thilduirä ëë te rɛydä ca nyɔk kɛ gat.

Guaath ëë we kɛn ke mi laŋkɛ Kuoth kɛ ɣöö bɛ
yieykiɛn kän,
Cua bël kɛ ɣöö thilɛ ɣä gok in pay ben raar;
Guaath ëë ŋuɔtkɛ kɛ rɛy muɔth mi cuol ɛ cuc,
Taa mith rɛy guath kɛl kä Kalgäri

Ɛn guaath ëë mɔaa kɛ kal daakni kɛ riɛm kɛnɛ piw
Cua tɔɔc wii köl mi domdom kä leth.
Ci manigan dap, rɛy kaal daakni rɛy ciɛɛŋä mi thil
mal;
Ca waydä bäŋ ɛ duëlwal kuiɛc cuëëc ɣɔaa.

Ɛn guaath ëë wiee kɛ ɣä kɛ kui riknikä,
Cu kɛ wiee kɛ ɣöö wa kɛ mi luɔckɛ Ji maarädiɛn.
Ca ɣä bäŋ kɛ piw kɛnɛ kuän:
Ca kɛ pën dhilgori burä.

Linytim Nuääri

Thiikɔ kɛn thiikɔ
Cu liaa kɛ ner.
Thiikɔ kɛn thiikɔ
Cu liaa ben kɛ thuɔk maac.
Thiikɔ kɛn thiikɔ
Cu luc a thok.
Thiikɔ kɛn thiikɔ
Cu thilgaŋ a kuɛth lith.

Ɛn Thok Nuäärä
Cu jɛn a thok lieth.
Kɛn gaar Nuääri
Cu kɛn a biɛl guantër.
Ɛn Nuäär nath
Cu jɛn a ŋotkɛk kɛ kui linytimä.
Ɛn Nuäär nath
Cu jɛn a duer.

Ɛn riɛm nath
Cɛ loony kä cɛ ɣopi dal,

Lul kɛnɛ wieediɛn
Gamkɛ jɔw kɛ rɛy wa̱r,
Ɛn cuɔc kɛnɛ tap
Lathkɛ piny muɔɔn.
Ɛn tieey wi̱ecmuɔɔn ma̱rɛ
Kɛ kui̱ rimni tin ci lo̱ny piny.

Thuɔk /ca dee kuɔm piny;
Thuɔk lɔrɛ kä diw nath
Amäni cäŋkɛl bɛ yi̱k te thi̱n.
Thuɔk ɛn /ca luäŋ kɛ juc
Cätkɛ kuay ti ca ŋak rɛy pa̱a̱m
Ɛn thuɔk bɛ rɔ jiɛc rɛy ŋɛthä;
Riɛm mi ca wuɔth piny baaŋ
Ba jɛ dhil a cuɔlkɛ guäthni diaal.

Käp piny Linyti̱mä

Rɛy dupni Jubɛ,
Kɛ rɛy gui̱tni
Ɛn ŋiec dör Nuääri
Cua tuk tapädä,
Cua kuɛthdä li̱th,

Cua tuk yaakä mi /cia̱ ciaaŋ nath.
Nhiam ciëŋmaari,
Cu duɔlrui̱c ri̱ŋdä ka̱p piny;
Nhiam gatdä,

Cu duɔlruįc tieeydä kạp piny.

Cu ɣän a kuak ni jɛn baaŋ:
Kɛ kuak kɛnɛ mäc röölraar,
Cu duɔlruįc riŋdä kạp piny kä cuɛ rɛt,
Kɛ mäc ti ca tuɔm wįįcdä,
Cu buɔnköör ɣä kạp piny.

Ɛ la ciek
Cu ɣän a yiëëth lạt in dįt ni jɛn:
Cu rɛm gerwuutä buɔmdɛ rep,
Cu ɣän a guạn rikä in dįt ni jɛn
Rɛy guạthni köör kɛnɛ linytįm.

Käp piny cua jakä duɔɔp gaŋ,
Käp piny cua jakä duɔɔp gaŋguɔtni kɛnɛ luuc guirä jɔk
Käp piny cua jakä duɔɔp mi kuɔkɛ cär linytįmä kɛnɛ mạcruįcä thįn,
Käp piny cua jakä duɔɔp mi duạc kɛ nɛy ti thil duer dual kɛ jɛ,
Käp piny cua jakä duɔɔp luɔc tieyni ti ŋuan.

Mac Tįeec Jubɛ

Cu mac tieeydä ner kä
Cuɛ tëkdä in ciɛk tįeet dup.
Cu mac rɔ jakä kuäärä kä

Cuɛ ɣä böth kut nɛɛnikɔ, gua̱ath in
Kɛ mäc cua nɛy ti ŋuan rol kɛɛl -
Ɛn cäŋ ɛmɔ cu mac tëkda in thiɛl lua̱ŋ käp.

Kël këëli,
Cua̱ kɔ thie̱cni kɛ rɔ̱ tok,
Rɛyda,
Cua nyuɔɔn wie̱c kɛnɛ thiɛl ŋäthä;
Rɛyda,
Cua̱ kɔ jɛ ŋa̱c i̱ lia̱a̱ cɛ thia̱k.

Rɛyda,
Cu wutni ti buɔmbuɔɔm wie̱e̱;
Rɛyda,
Cu nɛy ti /cia̱ ji̱ ŋäthä pal tok.
Rɛyda,
Cua̱ kɔ kuduɔthkɛmali tin jɔak la̱rɔ̱.

Kɛ wärnyini duëël mi ci riil,
Cu dɛy mäcni cuooth kɛ cam, cuec amäni där.
Kɛ rɛy wärnyini,
Cua̱ kɔ lia̱a̱dä jäk.
Cua̱ kɔ rɔ̱ bom,
Cu nɛy ti ŋuan li̱w kä cu kään ni ti tɔt.

/Cɛ rɔ bi Nyɔk, Gaat Nuääri

Ɛn riɛm nɛɛni ti thil duer

Lonyɛ kɛ rɛy kiɛɛr in Bor,
Dalɛ jɛ ɛn lɔc Aphrika kɛ
Wiee kɛ kui mäcni kɛnɛ yamɛni
Nyoonɛ jɛ ɛn pekmuɔɔn kɛ wäär.

Ɛn cuɔc gan Nath
Rɔmɛ röl Aphrika ti ŋuan rɛy thilpälä piny
Jutɛ lɔc laatni thukä.
Kɛn kuɛli /ca rɔ bi car
Ɛni mi wa buay nyoth rɛy muɔth.

Gat rɔŋɛ kɛ baŋ,
Gat rɔŋɛ kɛ mal kɛnɛ gaŋ,
Gat rɔŋɛ kɛ pälpiny kɛnɛ nhök,
Gat rɔŋɛ kɛ ɣöö dee ɛ te teekä,
Gat /ci dääk dööri we lɔɔcdɛ,

Duundɛ ɣöö ɛ jɛn gat in min la we ben ɛla teerköör,
Ɛla luuc nath.
Nɛy ti dit rɛy köör jakɛ gaat kä yiëëth köör,
Wicwiic kɛnɛ thilduirä gatä ran ca riɛt
Kɛ kui duɔlruicä mi macruic.

Gër

Jɔk Thudan:
Rol dööri ti ŋuan,
Rol thukni ti ŋuan,

Rol pithciεŋni ti ŋuan,
Rol mi te kε guël döri mi diit.

Jɔk Thudan:
Rol mi gor ruicmëk,
Rol mi gor dääk kuakni a päär,
Rol mi gor dääk cuɔp a päär,
Rol mi gor lieŋ nεεni tin thil jɔw.

Jɔk Thudan:
Ji wec thiëckε kuäär mi päär naath,
Ji wec gor lɔcdiεn baŋ kε kui tëk,
Ji wec görkε muɔn karikiεn,
Ji wec görkε thuɔk luëŋruicä.

Jɔk Thudan:
Εn mun mi ciεk kä ditε,
/Ci buɔth dee te thin,
Kεn pääm kεnε kir-in-Bor ŋuɔnkε piw guathni
diaal,
/Ci rεw dee te thin.

Jɔk Thudan:
Teni kε thuɔk kε guicnhiamdu,
Teni kε rɔmthin kε yaacdu,
Teni kε thuɔk luɔt gorkä muɔɔn,
Kε ɣöö ŋotε cuckɔn.

Cɔr

Cɔr kɛ car,
/Ci̱ jɔw dee luäŋ kɛ lie̱ŋ.
/Ci̱ gak lɔaacdä dee we lɔɔcdu.
/Ci̱ bëc pua̱a̱nydä dee luäŋ kɛ thëm.

Cɔr kɛ car,
Ci̱ ji̱n a mi /cia̱a̱ raan.
Ci̱ rɔ koc kä ɣä.
Cuŋni ji̱n kä we kɛn kɛ mi na̱kɛ ɣä.

Cɔr kɛ car,
Cu ji̱n kök linyti̱mä nhɔk.
Cu ji̱n ɣä kɔak kɛ yio̱w dɔlɔri.
Cu ji̱n kɔm kuäärädu gaŋ ɛ /ci mɔ a ɣän.

Cɔr kɛ car,
Keni jɛ ŋa̱c ɛn min pen ji nien kɛ wäär.
Ci di̱ŋ rɛy mɛtrɔkä mi jayi̱.
Ci ji̱n ɛ thuɔ̱k min jiek ni jɛn ɛlɔ̱ŋ.

Lɔ̱ŋrɔ Kɛ Cuaal Bɛɛlku

Ɛn Mat Röli cuɛ ŋot kɛ yuuri cuali manytapni,
Ɛ mi /ca dee ŋäth ɛn ga̱y ɛn gääyɛ wi̱c nath,
Dee mie̱th pëën rɛy pua̱a̱ri nhial?
Gääyɛ ɣä duɔ̱ɔ̱p ɛn cup kɛ kɔn gua̱a̱th ɛmɛ luɔtä ni

ɣöö cup kɔn i̱di ɛn gua̱ath?

Nɛni wuutni kɛnɛ men riŋkɛ kɛ ɣöö wa cuaal
manytapni naŋ,
Nɛni nɛy ti di̱t nyieenykɛ kɛ kui̱ kua̱n mi dee kɛn
ɛ luäŋ kɛ pi̱eth,
Ca kak pa̱l juɔl kɛ ɣöö ɛntämɛ tëë kɛ Mat Röl mi
ŋun mi̱eth,
Ca kak kɛliw ba̱nypiny kɛ ɣöö ɛntämɛ ca la̱t mi
bumbum!?

Ɛn mayntap mi thil gɔymi̱eth mi̱e̱eth kɛ dho̱r ti̱
thiɛl pek kɛ jɛ,
Ɛn manytap thal kɛ jɛ Walwal kiɛ Ko̱p,
Nueer in gɔaa naŋ ciɛkdɛ gua̱ath mi bäär duŋdɛ
ɣöö ɛntämɛ te manytap thi̱n!
Jua̱th ti̱ ŋuan tuɔɔk kɛn kɛ kui̱ bël ɛ baŋ ɛmɛ.

Canɛ jiëën kä manytapni ca̱k we kɔn kä manytapni
gɛrca̱k,
Ɛn mun caak kɛnɛ tuaar ci jɛn a mun manytapni
gɛrca̱k
Ɛn mun gɔyni kɛnɛ kuay ca̱k cɛ te rikä ɛntäämɛ,
Ɛn mun go̱o̱rɛ tiit kɛ gua̱ath in duth tuɔk kɛ jɛ!

Ɛn mun cɛ piny ɛn jäl kɔn thi̱n ciɛn, ciëŋmaari,
Canɛ jɛ dhɔt kä canɛ jɛ ba̱nypiny a thil läär.
Jɛn jäkɛ bëc pua̱any ɛ kɛlɔ kä go̱r lɔcdɛ mat ɛnyɔk
ɛ nɛɛkɛ,

Jɛn nɛnɛ liaw kɛnɛ jua̱th tin cia dɔp kä jur,
Jɛn ŋäthɛ kä palɛ kɛ cäŋ ɔ dee kɔn loc kä kawdɛ
kä dëë nyɔk kɛ ta̱th.

Lɔar

Kɔn yɔalkɔ kɛ kui̱ lɔrä!
Kɔn thiëckɔ cuɔ̱ɔ̱ŋ,
Kɔn görkɔ kä dhilgörkɔ pääri,
Kɔn görkɔ ciaaŋ naathä,
Kɔn ca̱kɔ rɔ̱ yac lät kɛ kui̱ gatä ran.

Kɔn yɔalkɔ kɛ kui̱ Gadha,
Kɔn yɔalkɔ kɛ kui̱ Jɔak Thuda̱n,
Kɔn yɔalkɔ kɛ kui̱ Kɔŋgɔ,
Kɔn yɔalkɔ kɛ kui̱ Thiria,
Kɔn yɔalkɔ kɛ kui̱ Aphga̱nithta̱n.

Ɛn luɔ̱ny Gadha a lɔr,
Ɛ luɔ̱ny naathä a lɔr,
Ɛn lɔar Kɔŋgɔ,
Ɛ lɔar naathä,
Tëk ɛ cuɔ̱ɔ̱ŋ däpkädan.

Kɔn diaal rɔ̱mkɔn kamnikɔn,
Kɔn yiëënɛ kɛ jiɔm ɛ kɛlɔ,
Kɔn lönynɛ kɛ riɛm ɛ kɛlɔ;
Ɛn luɔ̱ny nath a lɔr,

Ɛ ruɔl cärä kɛnɛ lạt.

Mi thil Jɔw

Ɛn kọr cɛ tieeydɛ mac,
Cɛ lunyjɔk ɛ ca töl.
Cɛ lunyjɔk ɛ ca bath kä ci wị̈cdɛ nyuɔɔn,
Cɛ lunyjɔk kɛ jiẹk ciɛɛŋä kɛnɛ gak.

Jɛn jäkɛ rɔ a thil jɔw.
Matrɛm larɛ jɛ ị ɛ jịn nyuạn
Mi cị̈ wiee kä cị̈ cär lɔaacdu lat,
Ca kampiny ɛ yiẹc cäri lɔaacdɛ.

Ca kampiny ɛ gerwuutä:
/Ci gerwuutä jɛ dee luäk kɛ loc gɔɔyä,
/Ci gerwuutä jɛ dee luäk kɛ wiee,
Thilɛ luäk mi thọp gerwuutä jɛ.

Thilɛ luäk mi thọp matrɛmɛ,
Thilɛ cạp kɛ kuị̈dɛ,
Matrɛm guicɛ jɛ ị thilɛ jɛ riɛk,
Matrɛm jiọkɛ jɛ ị jakni rɔ kä wut!

Jɛn ɛ Ramkɛl kä kɔn

Jɛn ca dap a thiäŋ kä lɔr,

Jɛn ca dap kɛ nhök kɛnɛ gɔɔylɔaac,
Jɛn ca dap kɛ nyuuri kɛnɛ röm,
Jɛn ca gọl ɛ nhök kɛnɛ nyuọthnhök.

Ci matrɛm ɛ ŋịeec kɛ rɔal,
Ci matrɛm ɛ ŋịeec kɛ thil luthä,
Ci matrɛm ɛ ŋịeec kɛ ɣöö bɛ thil yiey,
Ci matrɛm ɛ ŋịeec kɛ gerwuut.

Ci matrɛm ɛ ŋịeec kɛ nyier meen
Ci matrɛm ɛ ŋịeec kɛ nyier germäänä,
Ci matrɛm ɛ ŋịeec ị meen päärɛ kɛ nyuään.

Ci matrɛm ɛ ŋịeec kɛ nyịrbaŋ mi thil wuut,
Ci matrɛm ɛ ŋịeec kɛ ciaaŋjieek mi thil wuut,
Ci matrɛm dhọọl mi tɔt ŋịeec kä cɛ yịạr,
Ci matrɛm dhọọl mi tɔt ŋịeec kä cɛ luɛŋ.

Jịn ciɛ Lar

Ɣän /cänɛ dee luäŋ kɛ lätni.
Jịn ciɛ lạrä,
"Ɣän thilɛ ɣä yiọw,"

Jịn ciɛ lạrä,
"Guicị rɔ ị ɛ jịn ŋa?"
Jịn ciɛ lạrä,
"Cäpi jɛ ịdi!"

J̱in ciɛ ḻarä,
"J̱in ci̱ bath."
J̱in ciɛ ḻarä,
"J̱in bi̱ can ni ciaŋ."

Ɣän /ciɛ ɣän rieetku,
Ɣän /ka̱n pekdä gik ɛ ji̱n;
Ɛ ɣän lua̱ŋ mi /ca nɛn kä thil guut.

Kɛ guithpuɔ̱ny ɛ ɣän ti̱l,
Ɛ ɣän ti̱e̱l ëë /keni nɛn;
Ɛ ɣän ɛn tuk ëë /keni ŋa̱c,
Ɛ ɣän ti diaal tin /ci rɔ̱ dee luäŋ kɛ we lɔɔcdu.

Ɛ Ɣän Duŋdä

Nyal bɛ dhil a raan,
Nyal bɛ dhil lɔar kä caklät,
Nyal bɛ dhil thia̱a̱ŋ kɛ tëk kä bɛ thil dual,
Nyal bɛ dhil a min go̱o̱rɛ kɛ lɔcdɛ.

Nyal ɛ gat /ciɛ raanyiöm,
Jɛn dhilgo̱rɛ lɔar kä /ciɛ ga̱ŋ,
Luthni̱ ŋiɛthdɛ kɛnɛ puɔ̱nydɛ,
Jɛn /ciɛ bi̱i̱y bi̱lä mi ba bil.

Nyal dee jɛn jua̱t bi̱lädɛ dhil rɔm,

Juatbilä mi bilɛ ɛn tëk kɛnɛ guuicnhiam tin goorɛ;
Juatgɔrä mi gɔrɛ latkɔrɛ kä bi jɛn a weethdɛ.
Nyal ɛ jɛn puɔnydɛ min la jɛn /ciɛ min ci matrɛm
ɛ lar i ɛ jɛn.

Nyal cɛ thiaaŋ kɛ luaŋ kɛnɛ mac mi thil yääny
Nyal kämɛ tëk nɛy diaal kɛnɛ lɛy diaal;
Nyal miithɛ kä jakä naath kä gɔɔa kɛ duɔɔth,
Nyal tëë kɛ luäŋ ti thil guut kä ti nyin ɣɔaa.

Ciaaŋ Naathä

Jin luki nɛy tin kɔŋ,
Jin nyuri wii jiöökkööru in bäär,
Ɛ jin ɛn där wiecmuɔɔndu,
Ɛ jin raan mi thil diw;
Jin /ci dee duer.

Diewdu kɛrɔ wathɛ,
Lɛpdu ɛ yiëëthköör lieth,
Caru ca dil ɛ baygɔɔyä,
Lɔcdu thilɛ jɛ päl piny kɛnɛ liep bitä;
Nɛy tin /ca rɔ diw kɛ lueŋ kä ji.

Jin lukirɔ kɛ waŋ nɛɛni tin kɔkiɛn,
Jin guici dueerku rɛy nɛɛni tin kɔkiɛn,
Jin guici diwniku kä nɛy tin kɔkiɛn;
Rɛy nɛɛni tin kɔkiɛn te naath thin bä.

Naath ɛn jayi̱,
Naath ɛn kumi̱,
Naath ɛn /ci̱ dee nhɔk,
Naath ɛn boom diw,
Naath ɛn thiäŋ.

Rëlkɛrɔ

Kööŋ ɛ carday;
Thilɛ raan mi dee a ji̱n,
Thilɛ raan mi dee ca̱r ce̱tkɛ ji̱,
Thilɛ raan mi te kɛ ta̱a̱ mi ce̱tkɛ ta̱a̱du,
Bi̱ ji̱n a ji̱n gua̱thni diaal.

Ti̱i̱ kɛ niëtyɛtä mi rɛlrɔ,
Ti̱i̱ kɛ waŋyiët KLR-kä mi rɛlrɔ,
Ti̱i̱ kɛ yiɛt ciökni kɛnɛ miem ti rɛlrɔ,
Ti̱i̱ kɛ ta̱thpɔa̱a̱ny mi rɛlrɔ.

Bi ji̱n a ji̱n gua̱thni dial.
Ni̱n diaal ŋotɛ ɛ jɛn ji̱n.
Thilɛ gua̱a̱th mi wi̱ thi̱n;
Kä bi̱ te inɔ gua̱thni diaa.l

Ɛ ji̱n cuuŋjɔawdu kä rɔa,
Jakni rɔ kä länygɔɔy ɔ dee rɔ luäŋɔ,

Thilɛ raan mi dee a jin ɛlɔŋ ɛ läny ji.
Kä bi te inɔ guathni dial.

Ɛn Nyɛ Rëyciëŋ

Ɛn nyɛ rëyciëŋ
Läkɛcar wicmuɔɔn ikä,
Ŋäcɛ jɛ dëë luäŋ kɛ lätni,
Ŋäcɛ pat rɛy cucä.

Ɛn nyɛ rëyciëŋ
Tilɛ kɛ car kä canɛ kɛ kuak,
Ŋäcɛ takärɔa kɛnɛ jiathlɔaac
Ŋäthɛ tëthlɔaac mi thil guut

Ɛn nyɛ rëyciëŋ
Kuicɛ gɔar. Jɛn
Cieŋɛ kä yat, guic lɔcdɛ duel paam
Kɛnɛ ŋiicni.

Ɛn nyɛ rëyciëŋ
Ŋäthɛ ni nhök duŋdɛ ɛntämɛ ca rialikä,
Ŋäthɛ ni lat ran kɛ min te lɔɔcdɛ duŋdɛ ɣöö cucɛ
kɛ bit.

Ɛ Ɣän (Ciek)

Ɛ ɣän ciek,
Ɣän ta̠a̠ ɛn wa̠nɛ kɛ ɣöö bä lät,
Ɣän ta̠a̠ ɛn wa̠nɛ kɛ ɣöö bä böth,
Ɣän ta̠a̠ ɛn wa̠nɛ kɛ ɣöö bä ŋi̠i̠c.

Ɛ ɣän ciek,
Ɣän ta̠a̠ ɛn wa̠nɛ kɛ ɣöö bä liɛŋ,
Ɣän ta̠a̠ ɛn wa̠nɛ kɛ ɣöö bä luäk thöp,
Ɣän ta̠a̠ ɛn wa̠nɛ kɛ ku̠i̠du.

Ɛ ɣän ciek,
Ɣän ta̠a̠ ɛn wa̠nɛ kɛ ɣöö bä nhɔk,
Ɣän ta̠a̠ ɛn wa̠nɛ kɛ ɣöö bä rɔm,
Ɣän ta̠a̠ ɛn wa̠nɛ kɛ ɣöö bä naath nyuɔɔr.

Ɛ ɣän ciek
Ɣän ta̠a̠ ɛn wa̠nɛ kɛ mal,
Ɣän ta̠a̠ ɛn wa̠nɛ kɛ cuɔɔŋ,
Ɣän ta̠a̠ ɛn wa̠nɛ kɛ pääri nath.

Ɛ ɣän ciek;
Ɛ ɣän ti nyin ŋuan;
Ɛ ɣän ti dial;
Ɛ ɣän mi thil pek,

Luɔt Ciëk

Thiëp ciëk dịt luɔtdɛ,
/Ca dee luäŋ kɛ kök, wocɛ liaw, jakɛ puạny nath
kä gɔaa,
Tëë kɛ nhök.

Jɔw ciëk tëë kɛ luạŋ mi dịịt,
Dhilgörkɛ jɛ, liɛŋkɛ jɛ, ɛ mi rɛlrɔ,
Jɔw ciëk tëë kɛ luɔt.

Cạr ciëk ɛ duŋ yɔaa,
Cạr ciëk cärɛ kɛ mat, cakɛ cuɔ̣ɔŋ,
Cạr ciëk cakɛ mal;
Cạr ciëk ɛ jɛn la leepɔ.

Mi Rɔ̣ŋ kɛ luth, mi luɔ̣thkɛ ,
Mi gaŋkɛ, mi lɔr kɛ cär kɛnɛ lät;
Mi rɛlrɔ kä duŋ yɔaa,
   Ɛ jɛn tëk ciëk.

Jɛn Bäälɛ

Jɛn bäälɛ tạthpuạạny
Jɛn bäälɛ miem,
Jɛn bäälɛ guɔ̣p,
Jɛn bäälɛ bär,
Jɛn bäälɛ thiakpuạạny.

Jɛn bäälɛ giklatniku,
Jɛn bäälɛ guutkeynidu
Jɛn bäälɛ ciɛŋ gerwuutdu
Jɛn bäälɛ luɔɔku,

Jɛn bäälɛ ciaaŋjieekdu,
Jɛn bäälɛ ɣëru
Jɛn bäälɛ baygɔɔyädu
Jɛn bäälɛ rieetku
Jɛn bäälɛ kuak

Jɛn bumɛ ɛlɔŋ
Jɛn gɔaaɛ kɛliw
Jɛn ɛ duŋ Kuɔth kä lɔrɛ
Jɛn ɛ gat ran
Jɛn bäälɛ wicmuɔɔn ɛmɛ.

Ɣän

Ɣän nhɔakë ji kɛ ɣöö ɛ jin,
Ɣän jëkä thiëp kɛ ɣöö tii thin,
Ɣän lieŋä kɛ ɣöö ruaci,
Ɣän ŋacä ji kɛ ɣöö taa thin.

Ɣän taa ɛn wanɛ kɛ ɣöö jin tii thin,
Ɣän taa thin kɛ ɣöö jin yiëëi,
Ɣän jiɛnä kɛ ɣöö buɔyi,

Ɣän te wicdä cuŋkä kɛ ɣöö jin ruaci.

Ɣän riaŋä kɛ ɣöö jin ci mith,
Ɣän näk rɛwä kɛ ɣöö jin näk rɛwi,
Ɣän jiɛnä kɛ ɣöö jin /ci loŋ,
Ɣän ci lɔcdä jieek kɛ ɣöö jin ci wiee.

Ɣän tɛthlɔcdä kɛ ɣöö jin doothi duɔɔth,
Ɣän taa rɛy malä kɛ ɣöö tii thin,
Ɣän ci tëthlɔaacdä bal kɛ ɣöö jin tɛthlɔcdu;
Ɛ ɣän jin kä ɛ jin ɣän.

Mac Rëcɔ

Ɛn mac rëcɔ pɛtɛ.
Ɛn mac rëcɔ gorɛ waŋ,
Ɛn mac rëcɔ gorɛ däk,
Ɛn mac rëcɔ /ca luäŋ kɛ yäny.

Rieet /ci kɛn mac dee luäŋ kɛ yäny,
Piw /ci kɛn ɛ dee luäŋ kɛ bath;
/Cɛ rɔ dee luäŋ kɛ we lɔɔc nath,
Ley dualkɛ kɛ lëthdɛ.

Mer dualkɛ kɛ bol maac,
Dual lokɛ rɔ kɛ jɛ ɛn mac;
Baygɔɔyä /cɛ dee yiëë kutɛ,
Ɛn mac waaŋɛ kuak wiɛcmuɔɔn,

Ɛn mac kɛnɛ ɣä kɛ kɔn kɛl.

Nyɛrëth Luak

Ji̱n ci̱ ciëŋ rɔam thi̱n a bum,
Ɛ ji̱n ɛn mëë la mangan kä gua̱ngan,
Ɛ ji̱n tëk kɛnɛ lia̱a̱ ciëŋ,
Ɛ ji̱n manciëŋ.

Mandɔɔŋ,
Bu̱ɔmdu cieŋɛ rɛydä,
Lua̱ŋdu cieŋɛ rɛydä,
Nhökdu cieŋɛ rɛydä
Ŋäcŋuaanidu cieŋɛ rɛydä.

Mandɔɔŋ,
Ji̱n /keni li̱w,
Ji̱n /keni riaw,
Ji̱n /keni jiëën a thil këk,
Lia̱a̱du cuɛ rɔ̱ŋ kɛ luth.

Mandɔɔŋ,
Ɛn wa̱lɛ ta̱a̱ thi̱n;
Ɛn wa̱lɛ ta̱a̱ wa̱nɛ;
Ɛn wa̱lɛ ta̱a̱ kɛ nën,
Ɛn wa̱lɛ ta̱a̱ kɛ tëthlɔaac amäni cäŋ kɛl.

Mandɔɔŋ,

Ɛ ɣän këkdu,
Ɛ ɣän lipŋa̱thdu,
Ɛ ɣän thuɔkdu,
Ɛ ɣän riɛmdu.

Mandɔɔŋ,
Ji̱n ti̱i̱ kɛ ɣä kɛɛl ni ciaŋ,
Guici̱ ɣä kɔnɛ maar,
Ji̱n ti̱i̱ thiääkädä ni ciaŋ,
Ɣän thilɛ ɣä dual.

Mac Biɛl Kuɛl

Ɛn riɛm riɛmdä,
Ɛn ri̱ŋ ri̱eŋdä,
Ɛn duäŋ dua̱ŋdä,
Ɛn tieey ti̱i̱yädä;

Ji̱n /keni li̱w a thil këk.
Bi tieeydu ŋot kɛ tëk
Kɛ rɛy ganku amäni ɣän:
Ba̱kɔ la̱t ëë ci̱ tok naŋ nhiam.

Tieeydu tëë gua̱a̱th mi ŋuään ni jɛn ɛntämɛ
Nhökdu kɛ kɔ ŋäc gua̱ndan ɔ te nhial ɛ;
Römdu kɛ kɔ, wëë lɔɔc jaakni nhial,
Nhökdu kɛ ro̱l, wëë lɔɔc Ji̱ wec,

Nhökdu kɛ duel kuɔth nɛɛn nɛy diaal ɛ,
Dämaar kɛ kɔn kɛl.
Mëë cị lịw ci cuɔŋ puaany kɛl lịw rɛydä,
Mëë cị yiëëdu jiëën, cị ɣä bany lat

Kɛn Titthiecni, tin la nyinkä ɛntäämɛ.
Kɛ thok miimgɔrädä bi këkdu we kɛ we nhiam,
Kɛ rɛy lëpdä bi nhökdu we kɛ we nhiam.
Yaclätdu kɛ kuị matciëëŋ cieŋɛ kɛ rɛyda.

Ɛn Buay

Ɛ ɣän buay,
Rɛy cucä,
Rɛy jiɛthälɔaac,
Kä thuɔk dɛ ɛn ɣot.

Ɛ ɣän ɛn ɣɔw,
Ɛ ɣän ɛn wịcmuɔɔn,
Ɛ ɣän kɛn guutni muɔɔn,
Ɛ ɣän kɛn wịịc,
Ɛ ɣän kɛn röl,

 Ɛ ɣän ɛn gɔɔy,
Ɛ ɣän ɛn lëthnhök mi leth,
Ɛ ɣän ɛn buɔm,
Ɛ ɣän ɛn gääŋ,

Ɛ ɣän ɛn teer köör,
Ɛ ɣän ɛn kɛlɔ,
Ɛ ɣän tin diaal tin la ɣän,
Ɛ ɣän tuk kɛnɛ guut.

ɣän, ɛn Cääk

Jɛn kɛliw bëë rɛcɔ:
Ɛ cạrkeem ca dap,
Ɛ cạr ca rɔm,
Ɛn cạr ca lɔath,

Ɛn cạr bëë teekä
Kɛ rɛy lạtkëël
Nɛɛni ti cäät cạriɛn;
Mat kɛ cạr kɛnɛ lạt.

Ca nyoth ɛla puɔny
Ɛn cạr ba duɔɔr,
Bɛ rɔ gɛr ɛla kuak, bɛ rɔ gɛr ɛla duɔɔr,
Ɛn gër cạrkeemä.

Titɛ jịn cäkị ni ciaŋ
Cuɔŋcärä mi thọtpiny kiɛ thọtnhial;
Ɛn cạr nyuthɛ ni ciaŋ
Ɛ jịn la cääk tëkdu.

Deŋtääth

Kuothdä /ciɛ wut kiɛ ciek,
Kuothdä /ciɛ dääkcạk ɛni yïë;
Kuothdä /ciɛ Ithlam kiɛ Kuricin,
Kuothdä bääle theem kɛnɛ guuti gatä ran.

Kuothdä /ca dee luäŋ kɛ röm kɛ dịryọr,
Kuothdä /kạnɛ ŋak rɛy jịthyọrI gatä ran;
Kuothdä /ciɛ kuoth guieeyni mi ca ŋat mi te
puọọny duëël,
Kuothdä /ciɛ tik mi te ŋuääkdu.

Kuothdä thilɛ titthiec kɛ lät jiekni wiẹcmuọọn,
Kuothdä ɛmi thil key kä tekɛ pälikä;
Kuothdä nhɔkɛ nɛy diaal.

Kuothdä ɛ yïë in cieŋ rɛydan diaal,
Kuothdä ɛ ŋạthkɛrɔ in cieŋ rɛydan diaal,
Kuothdä ɛ jɛn nhök kɛnɛ gɔɔy cạk tin cieŋ rɛydan
diaal,
Kuothdä ɛ kuothdä kä /ciɛ dee lạth rɛy diëny kä /
ciɛ dee moc kɛ giklat.

Tur

Cu cäŋ lëp,
Cu tur ɣä lor;

Cu duäŋ ÿä bom,
Cu riɛm wur.

Cu yat ÿä moc kɛ tieep,
Cu jiɛn diit lurä kit;
Cɛ piny lath,
Ca buay dap.

Cu tet ÿä lip,
Cu thiëp lɔcdɛ te kɛ gör mi diit kɛ ÿä;
Cu nhök bendä lip,
Cu tëk rëp jek.

Riic in ci Bath

Kɛ kɛn kɔn tin ca näk,
Rɛy köör mi /ca ŋäc;
Cop päkdan bathdɔɔri,
Kɛn gaat ti thil guicnhiam.

Rɛy kali
Cua näkdan gor,
Kä rɛy dupni
Cua puanykɔn ŋarŋar.

Rɛy ciëëŋnikɔ;
Cua puanykɔn yiar,
Nhiam ciëŋmanikɔn,

Cua kɔn näk.

Wieeda
Thiääŋɛ rɛy jiɔam kɛnɛ nhial;
Merkɔ,
Mɔaykɛ bäpdiit.

Riɛmda,
Riŋɛ kɛ rɛy muɔɔn kä
Riŋdan
Waaayɛ rɛy caŋ Aphrika mi läth.

Ɛn ric
Cɛ bath kɛ bath mi bääl luuc jɔk;
Ɛn ric,
Jɛn a riɔar kɛ ni jɛ kɛ tëë.

Run rɛy Pinyɛduk Kal Dak

Kɔn cakɔ run ti ŋuan naŋ
Rɛy kal dak guaath mi
Cuɛ kɔ dhil
Kɛ bëc puaanyda kɛnɛ lockɔ.

Kɔn cakɔ dual,
Cakɔ thiɛl lipnhiam, kä wakɔ kɛ mi thiëëkɔ
Kɛ liaa,
Guaath in wakɔ kɛ mi rɔam kɔ tëk mi /ca dee toc

thi̱n.

Duŋdɛ ɣöö cua̱ kɔ rɔ̱ käp kɛɛl,
Ciëŋmanida;
Ca̱kɔ kään rɛy däkä mi di̱it,
Kɛ kui̱ maarä mi /ca dee luäŋ däk.

Rɛy bɔathda cua̱ ria̱ŋ jäk,
Rɛy rëwda cu kui̱er te thi̱n,
Kɔn cua̱ kɔ ruun mi gɔaa ni jɛn guiɛc nhiam,
Ɛn ruun ɛmɔ ɛ yaac,

Yaac kɛ kui̱ teekä mi gɔaa ni jɛn,
Cua̱ kɔ la̱a̱k läkikä kä cu lɔcda tekɛ gör kɛ ruun
Kɛ ɣöö ɛn ruun dɔ̱ŋ dee a jɛn cäŋ,
Ɛn cäŋ in dëë lonykɔ rɛy pu̱ɔ̱l mi thil guut.

Kuay

Ɛn wa̱lɛ cä rɔ jiɛc kɛ
Wiee maar;
Ci gua̱a̱r jiɛɛn,
Kɛ jɛn gua̱a̱th ɛmɛ amäni cäŋ kɛl.

Kɔn ŋuan pekda,
Cua̱ kɔ ŋëër ɛlɔ̱ŋ,
Tëë kɛ mi jie̱e̱k mi ca̱kɔ la̱t?
/Ci kɛ kɔn gaat ti gɔw?

Thiecni t̲i̲t̲i̲ cu kɛ te rɛy cärädä kɛ gua̲a̲th mi bäär:
Ciëŋ mi te ni diëth gan kɛl th̲i̲n
Tëë kɛ cuiitni ti ŋuan,
Y̲ɔɔni ti ŋuan.

Ca̲ liŋ i̲ cɛ ɣöth
Kɛɛl kɛ ciek mi payɛ jäk
Kɛ ɣöö bɛ ciëŋ mi dɔ̲ŋ we yiathpiny
Kä wëë kɛ mi ɣɔ̲ɔ̲thɛ kɔ.

Jɛn cɛ manda däk,
Diɛwä jɛ cɛ kɔ däk bä,
Ɛŋu dee nɛy taap kɛ jɛ mɔ?
Kɔn luɔtkɛ rɔ̲ kɛ maaɾ.
Ɛn gua̲nda baa gua̲nda ni ciaŋ cɛ̲tni kɛ,
Min la men a be kä we kɛ ,
Ba̲kɔ te kɛ jɛ kɛɛl amäni cäŋkɛl;
Kɛ kɔn kuay tin cɛ ba̲nypiny.

/Keni a ci kuëɛ tit kä jɛn bɛ l̲i̲w,
Wac kuëɛ kä jɛn bɛ ciɛk;
Jay kuëɛ kä jɛn ba naŋ ɛ nɛy ti kɔ̲ŋ,
Teeyni kuëɛ kä jɛn bɛ ciɛk rɛy t̲i̲pni.

Ruët Jiɛncärä

J̲i̲n c̲i̲ ca̲ɾ kɛ ku̲i̲ dä kɛliw agɔaa

A ŋot /keni ɣä ni ruet?
Ɣän taa teekä rɛy cäriku
A ŋot /keni jɔkdu ni cat?

Jin ci car kɛ kui guicnhiamdä
Aŋot /kanä ni dap?
Kɛ ɣɛn diëëth gatä ti gɔw
Kiɛ bi ɣän a mi ɣɔankɛ ŋuak kä duŋ ŋarä?

Jin deri ɣä luäŋ kɛ röm?
Jin deri ɣä luäŋ kɛ gaŋ?
Jin deri ɣä luäŋ kɛ nhök ɛpuc?
Cieŋ ɣɛn daŋrɛw rɛy malä?

Ɛ ɣän mi mamni rɔ thin?
Ɛ ɣän kuëë ŋarä tɛthälɔaac?
Bi duŋdä a ben wiimuɔɔn kɛ mam thin?
Ɣän taa kɛ luɔt ɛpuc?

Lät diaal te kɛn kɛ guut;
Gaat luɔtkɛ rɔ kɛ diëëth ti gɔɔrkɛ,
A /ci mɔ a diëëth ti bi kɛ duäc kä cieŋ kɛ a jiek
Kɛ ɣöö ɛŋu kɔan kɛ dap kɛ nhiam.

Mi /Cia Nhook Kuakni

Kɔak ti latkɛ ɛ raan
/Ca luɔtdä dee gik ɛ kɛn kiɛ

Thɛm mi /ca dee luäŋ kɛ thëm;

Kɔak ti lạtkɛ ɛ raan
/Ca cär lɔac dee luäŋ giek,
Kä thilɛ kɛ luạŋ kɛ kuën lɔaac gatä ran.

Kuany dɔlɔrä,
/Ciɛ ɣä ramkɛl kä kɛkɛ;
Kuany nhökkuakni,
/Ciɛ ɣä ramkɛl kä kɛkɛ;

Kuany kuakni tin pay ben raar,
/Ciɛ ɣän;
Kuany kuakni tin pay yịk,
/Ciɛ ɣän.

Kuak lạtkɛ kɛ ɛ raan:
Kuak kɛ cäk ran -
Ɛn jɔac cärikɔn ɛla ŋuak,
Kä cạ lọk ɛn ɣöö bi ɣän kuany kuakni.

Rɛy Täämɛkä

La kɔn a nyuur a banɛ gạạc
Kɛ kuị wịecmuɔɔn ɛ cieŋkɔn thịn?
Liak kɔn lät tin ca lạt ɛ Cääk,
Ɛn kuooth in te rɛy leyni kɛnɛ juaac,

Ɛn gärgäär wi̱ecmuɔ̱ɔ̱n,
Ɛn gɔɔy muɔ̱ni,
Ɛn guël leyni dɔaar,
La lɔcdan a tɛth ɛpuc ?

Ɛn ca̱k ɛ cuɔ̱ɔ̱ŋ kɛl kä kɔn:
Kɛ kɔn ɛn ca̱k.
Ɛn cäŋ bɛ ben
In bi loc kɛ kɔn muun.

Mëk

Ji̱n go̱ri̱ ɣöö bi̱ cieŋ i̱di,
Kɛ tɛthlɔaac kiɛ jiath lɔaac?
Ɛn mëk kɛ thuɔ̱k ɛ duŋdu,
Ti̱i̱ kɛ lua̱ŋ kɛ gukdɛ.

Thilɛ mi tuɔɔk kɛ mamthi̱n kɛ ɣöö
Kɛ kɔn kuay cärikɔn,
A cäŋ tëë kɛ bëlbëëli kiɛ tëthlɔaac,
Kɛ thuɔ̱k ɛpuc te lua̱ŋdɛ kä kɔn.

Nɛy tin kɔ̱ŋ /cikɛ rɔ̱ŋ kɛ bël kɛ ɣöö
Thilɛ kɛ buɔ̱m mi käp kɛn ɛ kɔn.
Kɛ kɔn la bööth teekädan ɔ,
Kɛ kui̱ ɛmɔ ker cääk in te rɛcɔ.

Kɛn karku ca ji̱ ba̱ny luäŋ,

Ɛn cääk cɛ ji̱ poth kɛ ca̱rla̱t mi lɔr;
Kɔn canɛ thia̱a̱ŋ kɛ kuak kɛnɛ bum ti rɔ̱ŋ,
/Cu cääk in te rɛcɔ gaŋ jɔk.

Cakɛ ɛn tëk in guic lɔcdu jɛ,
Jakni rɔ kä min go̱o̱ri nëndɛ wi̱imuɔ̱ɔn,
Kɛ ɣöö kɛ kɔn ti /ca dee luäŋ ba̱th kä /ca dee luäŋ
juc
Mi ci kɔn ɛ jek i̱ /ca kɔn pu̱ɔt.

Bu̱ɔm

Ɛn lɛp,
Cu̱ɔ̱ŋ mi kuiy rɛy pua̱a̱ny,
Duŋ ɣöö min bum ni jɛn kä min la dääk ni jɛn ɛlɔ̱ŋ,
Cɛ ruëc kɛ cïëëŋru̱i̱cä kɛnɛ pithciaaŋni kä
Cɛ naath da̱a̱k kä cɛ kɛ ma̱a̱t.

Ɛn cuɔ̱ɔŋ rääl ri̱eŋ ɛmɛ
Cɛ ko̱o̱ri tok kä cɛ kɛ ka̱p cuɔ̱ŋ,
Cɛ li̱ŋ malä tok kä cɛ kɛ däk,
Cɛ tacru̱i̱cni däk kä cɛ kɛ tha̱a̱ŋ kiɛn täth,
Kä cɛ lia̱a̱ kɛnɛ tëk jakä te thi̱n.

Ɛn lɛp,
Cɛ men kɛnɛ gaat ti ŋuan näk,
Cɛ nɛy ti tanydɔɔri jakä kuaany and cɛ tanydɔɔri
jakä bum,

Cɛ rɔ liak kɛ röl ti buɔm buɔɔm kä cɛ thaaŋkiɛn
jakä nyuän,
Cɛ wi̱cmuɔɔn ɣät kä cɛ yia̱r;

Ɛn lɛp
Kääpɛ kɔn,
Ɛ cär kɔn.
Ɛ kuany ŋithädan.
Ɛn lɛp luäŋɛ ni ca̱k cärikɔn.

Ŋarŋar

Ɛn ri̱ŋ ca ŋarŋar ɛ kɔn,
Ɛn ri̱ŋ ca luɛŋ ɛ kɔn,
Ɛn ri̱ŋ ca yak ɛ kɔn,
Ɛn ri̱ŋ /ka̱nɛ tit ɛ kɔn,
Ɛn ri̱ŋ /ka̱nɛ luɔth ɛ kɔn,
Ɛn ri̱ŋ /ka̱nɛ moc kɛ luɔt ɛ kɔn;

Ca ca̱r ŋithädan käp,
Ca ca̱ran ŋi̱eec,
Ca wi̱cdan kuthikä kɛ ka̱a̱cni,
Ca kɔn ka̱c ka̱a̱cni bä,
Ca kɔn buath dup mi jieek,
Ci kɔn a ji̱ rikä -

Ji̱ rikä matrɛmä mi te kɛ ca̱r mi jieek;
Matrɛm mi ŋi̱i̱c ciɛŋ thilpo̱cä,

Matrɛm mi mi cum naath yiäripua̱a̱ny,
Matrɛm mi baay luɔt gatä ran,
Matrɛm mi guic naath ɛla riɛk,
Matrɛm mi guic naath ɛla muɔɔl kɛnɛ kɔa̱a̱m ti
go̱o̱r tiet.

Duŋdɛ ɣöö kɛ kɔn matrɛm,
Dee kɔn ca̱r in carkɔnɛ rɔ̱ gɛr,
Dee kɔn ciɛŋ dothä jɔk nyin thil luthä kɛ rɔ̱ gɛr,
Dee kɔn guec in guic kɔnɛ ciaaŋ nath gɛr,
Dee kɔn ri̱ŋdan nyɔk kɛ nhök,
Dee kɔn pua̱nykɔn luɔ̱th kä tit ɛnyɔk.

Ɛ Ɣän Ciek Nuäärä

Ɛ ɣän ciek Nuäärä,
Liakä rɔ kɛ kaarä,
Liakä rɔ kɛ thookdä,
Liakä rɔ kɛ kɔrä,
Liakä rɔ kɛ riɛm karikä -

Ɛn riɛm kari ti weth,
Duŋ nɛɛni ti bum,
Duŋ ji̱ köör, ti te kɛ këk mi di̱i̱t
Men amäni wutni,

Ji̱n bi̱ ɣä jek wec Nhiam-Ɣo̱pi,
Ji̱n bi ɣä jek kä Gämbɛlɛ,

Jin bi ɣä röli raar;
Ɣän taa guathni diaal lö dittuɔc,
Ɛ ɣän ciek mi jäl cuŋä ɛ thiw kɛ lɔar.

Nɛɛkä diaal
Ɣän cä yɛ cɔal nhok kairikun kä a lockun tɛth.
Göörä ɣöö bia gɔɔy karikun gor kä bia jek,
Ɛn këk kɛnɛ buɔm nɛɛni tin kɔn ben ni kɛn yɛ -
Rɛy karikɔn banɛ maar jek thin.

Kɛ kɔn kuay nɛɛni tin ci kään,
Kɛ kɔn kuay yieeni ti dit,
Kɛ kɔn kuay nɛɛni tin ci cieŋ nhiamdan,
Kɛ kɔn kuay tieyni ti gaykɛ naath,
Kɛ kɔn kɛl kɛ karkɔn.

Ɛ Ɣän Duŋdä

Ɣän bä gikŋuɔtkä dhil cak kɛ ɣöö
Ɛn wicmuɔɔn /cɛ ŋuɔt ɣɔaa cak;
Göörä ŋuɔt ti rɛlrɔ kɛ ɣä
Ti we kɛɛl kɛ taa ciɛɛŋädä.

Ɛn wicmuɔɔn tëë kɛ gikguɔt kɛ guɔpdä,
Taa kɛ duŋdä,
Ɛn wicmuɔɔn tëë kɛ gikguɔt kɛ giɛthdä,
Taa kɛ duŋdä.

Ɛn wi̱cmuɔ̱ɔ̱n tëë kɛ gikŋuɔ̱t kɛ nɛɛkä,
Ṯakɔ kɛ duŋda.
Ɛn wi̱cmuɔ̱ɔ̱n cɛ nɛɛkä giklat,
Ca̱kɔ rɔ̱ giklat kä rɔ̱.

Ɛn wi̱cmuɔ̱ɔ̱n go̱o̱rɛ jɛ dee kɔn dɔp kä giklatnikɛ,
Kɛ kɔn nɛy ti ci buɔ̱t dee rut nyurä kä ŋa̱ckɔ
pua̱nykɔ tin thuɔk,
Wi̱cmuɔ̱ɔ̱n go̱rɛ ɣöö dee ɛ nɛy duɔnypiny,
Kɛ kɔn wutni kɛnɛ men ti lɔr.

Ɛn wi̱cmuɔ̱ɔ̱n go̱rɛ ɣöö rɔmɛ kɔn kɛ dieny,
Thiɛlɛ kɔ këyni,
Ɛn wi̱cmuɔ̱ɔ̱n tëë kɛ liep lätni ti gɔw mi tɔt kä kɔn,
/Ca di̱tdan dee luäŋ kɛ thëm.

Rieet Bumä

Gua̱thni diaal
La karkä ɣä a gui̱l,
Ti̱m kɛn ɣä luɔtdä,
Buɔmkɛ ɣä gua̱thni tin bëc bëëc,
Larkɛn rieet bumä kɛ ta̱a̱diɛn kɔɔrä kɛnɛ yacdiɛn
lät.

Gua̱thni diaal
Tëk yorɛ ɣɔ̱ɔ̱ni dupdä,

Duŋdɛ ɣöö te karkä kɛɛl kɛ ɣä ni ciaŋ
Kɛ böthdiɛn kɛ ɣä kɛ rɛy kọkä däkä -
Piɛthkɛ ciökä rɛy ŋäcä ŋuaani kɛnɛ liŋ lɔɔc.

Guạthni diaal
La ɣän rik a guic ị biɛrkɛ ni ɣä kärɔa,
Duŋdɛ la karkä ɣä a buum
Ɛn kọr thilɛ thok cuacä kɛ ɣä,
Duŋdɛ ɣöö dualikɛn kɛ jɛ ɛn tieey in diịt ɔ te rɛcɔ.

Guạthni diaal
La karkä ɣä a tịm
Guicnhiam mi dịt ni jɛn kɛ kuị dä,
/Cän lɛ ŋot kɛ ciaaŋ kɛ kuị dä kärɔa,
Duŋdɛ ɣöö kɛ kuị tieyni ti ŋuan ti thil luääk rɛy
wịecmuọọndan ɛmɛ.

Kọr Mi Tërkɛ Tuktëkcuɔl

Kɛ kuị tuktëkcuɔlan
Ci kɔn a jị tɛr
Rɛy rɔklạtä mi guic tịm
Nɛɛni kɔn diaal kɛ duọọpɔ ci rɔ lot;
Ci guọpdan a luɔt in nhiam kɛ lucdan.

Ca tëkdan jakä mi thil luɔt,
Ca tëkdan jakä ciɛk kä ca yiạr
Kɛ ɣöö ị ŋot kɔn ɛla jur ti thil luɔt,

Kɛn nɛy tin ci duɔth jɔk, kɛn nɛy tin /ken keer;
Thilɛ kɔn jɔw wiimuɔ̱ɔ̱n ɛmɛ.

Ciaŋkɛ kɔn a jiek kä cuɔtkɛ kɔn piny,
Ca kɔn gok kä ca kɔn ga̱k rɛy kal yieenä,
Ca kɔn yuɔr dɔɔr ce̱tkɛ ti jiek,
Guickɛ kɔn ɛla ji̱ tër,
Ɛ gua̱a̱th in mith malkɔn thi̱nɔ?

Kɛ kɔn gua̱ni kä mani wi̱ecmuɔ̱ɔ̱n ɛmɛ,
Duŋdɛ γöö ciaŋkɛ kɔn ce̱tkɛ kɔ̱a̱a̱m wi̱ecmuɔ̱ɔ̱n;
Kɛ kɔn ji̱ muɔ̱ɔ̱n tin nhiam,
Duŋdɛ γöö ci kɔn a nɛy thil ciëŋ.

Banɛ we nhiam inɛ kɛ pek mi ni̱n di̱?
Banɛ ciaaŋ jieek rut kɛ pek mi ni̱n di̱?
Banɛ cuuc kɛ pek mi ni̱n di̱?
Tok kɔn cuɔ̱c kɛ gua̱a̱th mi ci bär ɛlɔ̱ŋ.

GLOSSARY FOR THOK NATH VOCABULARIES

1. Riaw Guith-yie̱lluaal (RG)........Ultraviolet Rays (UV-rays)

2. Thɛmtäth.....................Engineer, vb.

3. Tharru̱i̱cä..........................Dynasty

4. Tacru̱i̱c...............................Empire

5. Tuktëkcuɔl.........................Melanin

6. Donypiny........................Oppression

7. Ma̱cpan...............Colonial/Colonialism

8. Wɛtköök.........Advertisement/ Advertise

9. ɣo̱ttëkcuɔl......................Melanocyte

10. Kɔ̱a̱klueŋ..........................Rift Valley

11. Ga̱ŋ/Gäŋ......................Hour/Hours

12. KLR(Koc-duäŋ Liim-Ruɔŋwaac).......DNA.

13. Linyti̱m............................Genocide

14. Ŋuɔktieep...................Image/ Picture

15. Rɔkca̠p..........................Sytematic

16. Rökca̠p.............................System

17. Kërnath.........................Civilization

18. Pithciaaŋ.............................Culture

19. Tiitthiec......................Responsibility

20. lɔthciaaŋ...........................Tradition

21. pekmuɔ̠ɔn/ Pekmuɔ̠ni..........Continent/
    Continents

22. Yi̠ckuɛl..............................Planet

23. Rolkök...........................Commerce

24. Jäälkök..............................Trade

25. Luëŋrui̠cä.......................Corruption

26. Ɣopi(Kir in-bo̠r)..........Ancient Egyptian
    name for Nile

27. Duɔlrui̠c.......................Government

28. Macrui̠c.......................Dictatorship

29. Rui̠cmëk.......................Democracy

Made in the USA
Columbia, SC
26 February 2018